JN027202

卒業論文のデザイン

質問紙調査による社会心理学研究

Kawaura Yasuyuki
川浦康至

福村出版

はじめに

卒業論文は大学生にとって最初で最後の書き物。大学生活の最後を飾る一大プロジェクトです。であれば、きちんとしたものを書きたくなりませんか。本書は、その気持ちを後押ししたくて書きました。いわば、あなたの気持ちを形にするための本です。卒論の準備から完成まで、どうデザインし、どう進めれば、いい卒論を書けるのか。その具体的ノウハウを卒論ゼミのような雰囲気で詳説しました。

卒論には三つの効用があります。順番に見ていきましょう。

❶大学で学んだことがらが確認できる

これまでは授業で教える側の枠組みで知識が提示されてきました。他方、卒論のための勉強ではそれを自分の枠組みで再構成しなければなりません。卒論は、いわば知識の消費者から生産者に転換するきっかけです。卒論で研究したいことと実際にできることとの間にギャップがあるかもしれません。ギャップは言い換えれば、勉強の足りない部分です。卒論は、その足りない部分を補うきっかけになります。教員と図書館をふんだんに利用できるいまがチャンスです。

❷疑問を形にする方法が身につく

学問の真骨頂は「方法論」、つまり「研究法」です。知識は日々更新されます。それまで正しいとされてきたことが見直され、取るに足りなかったことが評価されることは珍しくありません。

知識はもちろん大事です。しかし、それ以上に大事なことがあります。その知識はどのようにして生み出されたのか。さらに、どのようにすれば知識を生み出せるのか、です。

「どのように」とは、研究対象への迫り方——対象のどこに注目し、どのような研究方法を用いるか——です。自ら問いを立て、それを明らかにする方法、すなわち「方法論」が古びることはありません。

❸文章術が学べる

研究結果は人に知ってもらってこそ価値を持ちます。卒論を書くことで、そのやり方が身につきます。

卒論研究の過程で、みなさんは論文や参考書でいろいろな文章にふれます。それらは、あなた専用の例文集としてストックされていくはずです。同時に論文の型も知ります。この両者が論文を書くための必須道具です。二つの道具は他のタイプの文章を書く際も活躍してくれます。

文章を書くことは頭の中の出力にとどまりません。書いていると頭の中が整理され、それが種(たね)となって、新しい芽が出てきます。考えることは書くことによって養われると言っていいでしょう。

いかがでしょう。卒業してからもずっと役に立つことばかりです。

本書は研究法として、質問紙調査を取り上げました。質問紙調査は、次のような特徴から、一度は経験してほしい研究法だからです。

①質問紙という体裁で自分の明らかにしたいことを構造化できる。
②質問紙に研究のすべてを込められる。
③質問紙のできが研究の良し悪しを決定する。
④実験装置が不要で、多くの人の協力を得られやすく、統計解析の実践知識も得られる。

研究とは学問の実践です。卒業論文も間違いなく研究です。ほんのヒトテマかけるだけで、あなたの卒論はいい論文になります。そのヒントを本書に盛り込みました。卒業論文の書き方を扱った本はすでに好著が出ています。本書はそれらが扱っていそうもないことがら、一見どうでもよさそうな、でも大事なことがらを中心に取り上げました。

本書が、最後まであなたの伴走者でいられるように願っています。

もくじ

Ⅳ　調査の実施

Ⅴ　回答の分析

Ⅵ 論文の執筆

Ⅶ 文章の点検

コラム

I 卒論の準備

卒論のリアル

のっけから終わりの話です。以下は卒論を出し終えた学生たちに、提出までの日々を振り返ってもらった調査の回答です（原岡, 2002)。回答者は心理学専攻の学生、調査タイトルは「卒論作成に当たっての問題と反省」、回答は自由記述です。さっそく見ていきましょう。なお回答は質問紙調査を用いた（と思われる）人の分にしぼりました。また支障のない範囲で縮めています。

★ 研究テーマの選定

・自己の問題としていたことをテーマに選んだので、スムーズにいった。

・興味だけで選んだが、人生の課題に関するものを選べばよかった。

・自分が興味をもったものを選ぶのがよいが、焦点をしぼるのが大変。

・テーマが大きすぎて、的を絞るのが難しかった。

・日常生活をヒントにテーマを決めた。過去の研究をもっとさがすべきだった。

★ 研究方法の策定

・頭の中で考えたことを紙に書いてまとめたらうまくいった。

・参考文献を取り寄せていたので割とうまくいった。

・予備調査をして質問項目を選べばよかった。

・これまでの研究を多く参考にしよう。

・研究計画や方法を決めるとき、先行研究をいろいろ調べるべきだった。

★ 調査の実施

・予備調査を行って質問項目を作成したのでうまくいった。

・質問が二重の意味に解釈されないか、他人にチェックしてもらうとよい。

・調査対象者にわかるような質問項目でなければ、回答が意味をなさない。

・自分の聞きたいことをはっきり表す言葉が見つからず困った。

・質問項目が多すぎたため空欄が多かった。事前に質問項目の検討が必要。

★ 集計と統計分析

・統計法をきちんと理解した上で分析にはいるべきである。
・回答は早めにチェックし、不備は思い切って分析から外したほうがよい。
・分析法は授業で習ったが、自分のデータで分析しないと身に付かない。
・自分でよく勉強していないと、コンピュータの出力が理解できない。
・わかりやすいよう、図や表にしたらよかった。

★ 解釈と考察

・仮説と違った結果でも、真正面から向き合うとよい解釈ができる。
・一日置いて見直すと、新たな事実に気づくことがある。
・調査結果と先行研究の結果とを関連づけた考察が不十分だった。
・結果を広く浅く見て簡単に考察を済ませてしまった感じがする。
・テーマやキーワードに関する知識がないと、感想のみになりかねない。

★ 論文の執筆

・結果の書き方や表現方法について正しい書き方を知っておくべきだった。
・論理的文章を書いたことがあまりなかったので、難しかった。
・考えていることを文章化し、他者に伝えることの難しさを感じた。
・早いうちから論文の書き方を学んでおいたほうがいい。
・日頃から文章を書く習慣をつけておいたほうがよい。
・他人に読んでもらい、意味が明確かどうか感想を聞くことが効果的である。
・なるべく早く書き始めること。
・時間をかけてていねいに検討しよう。

★ 卒論全般

・早くスタートさせ、余裕をもってゴールイン。
・余裕をもってやらないとよいものはできない。

安心したのではないでしょうか。大半が今から間に合うことがらです。

卒論が気になりだしたら

3年次も後半になると、卒論シーズンです。大学によっては卒論オリエンテーションもあることでしょう。そうした機会で確かめておきたいこと、事前にやっておきたいことがあります。スケジュールのチェック、卒論要件のチェック、文献検索講習会への参加、あるアカウントのフォローです。

★スケジュールをチェックする

卒論計画書の提出、中間発表会、卒論提出日、卒論発表会、と卒論に関する公式日程を確かめます。

・卒論計画書――計画書は書くことが大事、できるだけ詳しく、具体的に書きましょう。そのためには先行研究にあたることが欠かせません。

・卒論提出日――とりわけ最終日の締め切り時刻が大事です。

・卒論発表会――教員との質疑応答を含む口頭試問も兼ねます。

★卒論要件をチェックする

・ボリューム――字数やページ数の確認。

・形式――判型（A4判）、レイアウト（1ページあたりの行数と1行あたりの文字数、余白）、印刷形式（片面印刷か両面印刷か）の確認。

・体裁――綴じ方、所定の表紙の有無。

・提出部数

★文献検索講習会に参加する

研究では先行研究のレビューは必須です。そのために必要なスキルが文献検索です。あるはずの文献も、検索スキルが不十分だと見つけられません。図書館でしか使えない検索サービスもあります。早めに受講しておきましょう。

★日本社会心理学会をフォローする

Twitter（現X）ユーザーであれば、同学会広報委員会のアカウント（@jssp_pr）をフォローしましょう。社会心理学に関する最新情報が得られます。

コラム1　「単位」からみた卒業論文

みなさんの大学は卒論は何単位ですか。4？それとも8？おそらく、このどちらかでしょう。それを裏付ける調査があります。

調査は2011年11月に行われました。調査対象は「学校基本調査」の学科系統分類表で「人文科学」に分類される学科1,106科で、回答者は学科長です。「社会心理学科」は「社会科学」に分類されているため、調査対象に含まれていません。ただし前後を入れ替えた「心理社会学科」は含まれています。人文科学に含まれる他の心理学関連学科は、心理学科のほか「臨床」「人間」「コミュニケーション」「文化」を名称に含む学科です。回収率は49.8％（550学科）、有効回答率は44.0％（487学科）でした。

卒業論文を必修とする338学科について単位数の分布を見てみましょう（篠田・日下田, 2015）。最頻値は8単位で、全体の39.1％を占めます。次が4単位の30.5％、この二つで7割を占めます。つまり大半の学科が4ないし8です。単純平均は6.4、最小値は0（私立大学2学科）、最大値は16（国立大学1学科）です。単位を出さない学科もあるのですね。

卒業論文の単位数は文科省が「大学設置基準」第21条で定めています。「卒業論文、卒業研究、卒業制作等の授業科目については、これらの学修の成果を評価して単位を授与することが適切と認められる場合には、これらに必要な学修等を考慮して、単位数を定めることができる」。

単位数の設定は大学の自由裁量である、とあります。条文に時間の話は出てきませんが、「単位」という発想の背景には「学修時間」があります。「学修」とは授業参加に予習と復習を加えた活動です。活動はそれに費やした時間で計られます。時間をベースにする点で学修と労働は似ています。卒論を通年の講義科目と同等とみなせば4単位、その倍の時間はかかると考えれば8単位になります。

卒論の遂行にはそれなりの時間がかかります。卒論は早めに着手するようにとの教員の助言には「単位」数も関係しています。「1ヶ月で仕上げました」は、くれぐれも禁句ですよ。

教科書を読む

研究に着手する前に、社会心理学の教科書を読みましょう。社会心理学を確かめるためです。もちろん授業のテキストで十分です。私がそう思うようになったきっかけを紹介しましょう。

約30年前の1990年ごろの話です。当時、私は仲間と一緒にパソコン通信の研究をしていました。パソコン通信とはインターネットの源流の一つです。その主なコミュニケーションの場が「電子会議室」と呼ばれる掲示板でした。テキスト（文章）での会議は未知のコミュニケーション経験です。そのため発言の分析でも新たな枠組みを作る必要があると考えました。そのことしか頭になかったのでしょう。議論のすえ、できあがった項目は以下のとおりです（川上他, 1993）。

(1)　コミュニケーション的配慮

語調のフォーマル度。あいさつ、顔文字、擬態語、それぞれの有無。

(2)　自己関与

自己呈示、本名表示、感情表出、意見表明、それぞれの有無。

(3)　発言趣旨

情報提供、報告・体験談、議題提起、質問、依頼、それぞれの有無。

これらの項目で1,932件の発言を分析しました。そのデータからは各会議室の特徴が明らかになり、当初の目的は達成できました。しかし、数年ほどして気づいたのです。対面会議とも比較できるようにすればよかったなと。もちろん電子掲示板固有の特徴を反映した分析は必要です。しかし、従来の会議研究で用いられてきた分析枠組みも利用すべきでした。そうすれば、従来の会議との比較もできます。具体的に言えば、ベールズ（Bales, 1950）の「相互作用過程分析」（図1）も使えばよかったということです。

相互作用過程分析（IPA）は、社会心理学の教科書で紹介されるほど有名な枠組みです。私が最初に知ったのも教科書でした。もし研究に取りかかる前に教科書を読み返していたら、ベールズの枠組みを組み込んでいたはずです。

社会心理学の教科書で、あるいは下位分野の教科書で、研究のスタンダードを確認する。よくわかっている内容ばかりかもしれません。それでも最初から読みましょう。教科書で、概念と理論、方法論（研究の仕方）を確認して、背景知識を確実にする。これが研究の準備です。

図1　相互作用過程分析〔Bales, 1950〕

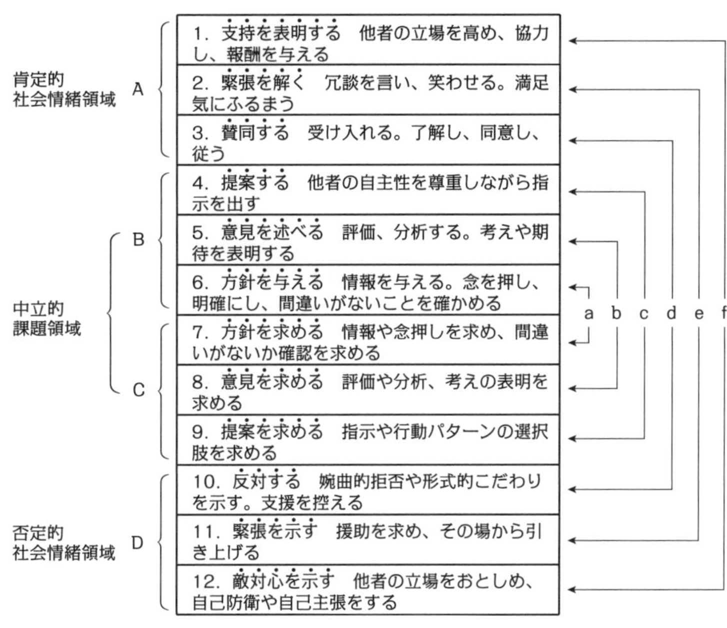

注：相互作用過程分析の分類カテゴリーとカテゴリー間関係。A 肯定的反応、B 応答、C 質問、D 否定的反応。a コミュニケーションの問題、b 評価の問題、c コントロールの問題、d 決定の問題、e 緊張低減の問題、f 再構築の問題。

【読書案内】

- 安藤清志・松井 豊（編集委員）（1990～）『セレクション社会心理学』シリーズ サイエンス社
- 池田謙一・唐沢 穣・工藤恵理子・村本由紀子（2019）『社会心理学 補訂版』有斐閣
- 池上知子・遠藤由美（2008）『グラフィック社会心理学 第2版』サイエンス社
- 北村英哉・内田由紀子（編）（2016）『社会心理学概論』ナカニシヤ出版
- 山田一成・北村英哉・結城雅樹（編）（2007）『よくわかる社会心理学』ミネルヴァ書房

コラム2　卒業論文の誕生

卒論のガイドブックを書こうと思い立ち、気になり始めたのが卒業論文の歴史。大学カリキュラムに卒論が組み込まれるようになった経緯を知りたくなったのです。「卒論の歴史」で検索すると、放送大学の卒業研究マニュアル（放送大学, 2020）の中に関連する記述がありました。かいつまんで紹介しましょう。

大学卒業にあたって論文を提出し、審査を受けるという制度は日本特有のものです。明治初頭、指導者は近代的高等教育制度を導入するにあたってヨーロッパ（独、英、仏）とアメリカ、それぞれの大学制度を手本にしました。ヨーロッパの大学は専門的職業の資格取得や著作物で学位を認定していました。そこに卒業という観念はありません。一方、教養ある中間階級の育成を託されていたアメリカの大学では、決められた科目の履修と試験で卒業資格を与えるのが一般的でした。日本はその両者をともに取り入れ、単位取得とともに論文を卒業要件とするシステムができあがりました。1877（明治10）年の東京大学発足時には、その原型ができあがっていて、卒業論文は全学部で課されました。各地に生まれた大学は東京大学を範としたため、論文審査による卒業というシステムも引き継がれていきました。

1886年に発足した帝国大学も卒業生名簿に卒論タイトルを掲載し、卒論を重視しました。当時、帝国大学の卒業生は大半が官僚、あるいは旧制高校や旧制中学の教職に就いていました。そのため、大学での専門は将来を左右しました。卒業論文は専門性の証だったのです（佐藤, 2015）。

戦後、大学進学者が増え、卒業後の進路も広がり、専門性の重要度はかつてほど高くありません。それにもかかわらず卒論制度は続いています。日本はアメリカの大学を真似してきました。ティーチング・アシスタント、シラバス、授業評価、AO入試は一例です。元祖と似て非なるものと揶揄されながらも続いています。そのような状況にあって卒論教育はユニークな存在です。学生にとっても教員にとっても、卒業論文は日本の大学教育のシンボルになっているように見えます。どうでしょう。

II 研究の設計

小さな研究のすすめ

研究するなら、小さなテーマがいい。手のひらに乗るぐらいの規模がいいという提案です。

小さな研究の話をする前に、小さなことの重要性を考えてみましょう。

「ハインリッヒの法則」と呼ばれる経験則があります。これは労働災害に関する法則で、提唱者は法則名の元にもなったハインリッヒ（1886～1962）です。彼はアメリカの損害保険会社で技術調査部に所属し、災害事例の分析にあたっていました。5,000件あまりの事例を調べた結果、次のような事実が判明したのです（Heinrich et al., 1980）。

同じ人物が起こした同じような330件の災害のうち、300件は傷害に至らなかった事象（no-injury accidents）で、29件は軽傷（minor injuries）、1件は報告を要する重傷（major injury）でした。「重傷」は保険業者や州の補償委員に報告されたもの、「軽傷」は擦り傷や打撲のような応急手当てで済んだものをさします。「傷害に至らなかった事象」は紙一重で負傷や物損を免れたできごとです。そのため、ヒヤリハットとも意訳されます。ヒヤリとしたり、ハッとしたりした経験だからです。

この法則の主眼は、傷害に至らなかった事象を防げば軽傷や重傷が減る可能性が高いことにあります。ハインリッヒによれば、300件の傷害に至らなかった事象の背後には数千近い不安全行為（エラーや違反）や、作業現場の不安全要因があるといいます。不安全行為や不安全要因のレベルにとどまっていれば、まだ制御可能です。

ハインリッヒの法則は、もう一つ大事なことを教えてくれます。傷害に至らなかった事象を分析することの重要性です。けがに至らなかったから、それでよしとするのではなく、その事象はどのようにして生じたのか、その背景をきちんと分析すべきなのです。

小さなことが大きなことにつながる。その「大きな」を宇宙にまで広げた詩人がいます。まど・みちお（1909～2014）です。彼はこう言います。

「どんな小さなものでも　みつめていると　宇宙につながっている」（まど, 2010）。

昔、読んだ新聞記事で印象に残っているインタビューがあります。話し手は東京・築地市場近くで錠やサッシ、ガラスの修理・販売を営むガラス店の3代目、原田さん（52歳）です。見出しにはこうあります。「ガラス屋さんには時代が見える 犯罪増え、仕事増え」。以下は、記事の抜粋です（『朝日新聞』東京本社版、2004年9月25日夕刊）。

「（19）50、60年代までは注文の大半が、子どものボール遊びなど日常生活で割れたガラスの修理だった」「市場にも活気があふれていた。……鮮魚を入れるガラスケースの修理が毎日のようにあった。仕事の半分以上が市場関連だったが、今は1割にも満たない。スーパーが増え、町の魚屋が減ったためか、人の出入りも減り、ガラスも割れなくなった」。

「時代」という概念は大きくて目に見えません。しかし修理内容であればどうでしょう。それこそ手にとるようにわかります。修理内容の変化をつきつめると、鮮魚販売の業態変化、時代の変化とつながっていました。まど・みちおの「みつめていると」は「仕事していると」に、研究で言えば「調べていると」に置き換えられます。

大きなテーマは小さなテーマの研究を積み重ねると、やがて姿をあらわします。小さなテーマは大きなテーマの一部だからです。大きなテーマに直接迫ろうとしても無理です。大きくて迫りようがありません。

ある山の植生を調べるとしましょう。遠くから眺めたり、撮った写真を分析したりすれば、全体像はとらえられそうです。しかし、すぐわかるように、この方法には限界があります。背の高い樹木に隠れた植物、発芽を待つ植物はわかりません。それで植生を調べたことになるでしょうか。現地に行き、ある区画を調べる。調べた結果は具体的に書けます。その隣を次の人が調べる。そのうち別の季節を調べる人も出てくるでしょう。それらの報告を積み重ねることで、山全体の植生が明らかになります。

区画レベルであれば自分の手でできます。研究の集大成はやがて他の山にも応用され、もはや区画調査も小規模ですむでしょう。細部に目が行き届き、かつ自分の手に負える、そんな小さな研究を卒論でやってみませんか。小さいのは見かけだけです。

研究の手順

卒論を念頭に、研究の手順を考えてみましょう。

★ 言葉で関心をさぐる

研究の出発点は、研究者であるあなたの問題意識や関心、興味です。自分の解き明かしたいことが研究の原点です。

関心を研究に結びつける、いい方法があります。関心に関係しそうな言葉、なんでもかまいません、それに「社会心理学」をプラスして、検索してみるのです。その際、Google Scholarが役に立ちます。検索結果には、指定した言葉を含む社会心理学の論文が表示されるはずです。

検索語に「社会心理学」を加えることが重要な意味を持ちます。学問分野を分かつのは方法論だからです。対象は同じでも、いろいろな学問分野からアプローチできます。たとえば「病気」で検索すると、出てくるのは大半が医学や生理学の論文です。しかし検索語に「社会心理学」を加えると、病気の心理的要因やケア環境を扱った論文がヒットします。病気の研究は社会心理学でもできるのです。

論文の冒頭には研究内容を集約した言葉、キーワードがついています。検索でヒットした論文のキーワードは、あなたの関心の学術的表現です。キーワードには、社会心理学の概念や理論、研究対象者、研究法、現象名が並びます。キーワードは、あなたの望む研究を見つけやすくします。キーワード欄には英語のキーワードも載っています。それもメモしておきましょう。のちのち役立ちます。

★ 自分の関心に近い論文をさがす

次はキーワードを検索語に指定してみます。すると、さきほどとは異なる論文がヒットします。同じキーワードを含む別のテーマの研究が見つかります。

Google Scholarの検索結果を見ながら、自分の関心に近い論文をさがしていきます。適切な論文がヒットしなければ、「社会心理学」を「心理学」に変えて網を広げる、あるいは「質問紙調査」を加えて網をせばめます。別の言い方も試してみます。「新型コロナウイルス」の代わりに「COVID-19」を用いるのは一例です。

「いい論文」は他の論文でよく引用されます。論文を読んでいる最中に出会う可能性もあります。文献検索だけが「いい論文」をさがす方法ではありません。ほどほどでやめて大丈夫です。新しめの文献を数点キープできれば御の字です。

★ 研究計画を考える

やりたいことに近い論文が見つかったら、それを参考に研究計画を考えます。論文の最後にはたいてい、やり残したことや今後の研究課題が書かれています。これらは、著者自身の宿題であると同時に、論文読者への提案とも言えます。その意味でバトンタッチの現場です。バトンを受け取るような気持ちで、研究計画を考えてみましょう。

あるいはこんなやり方もあります。その研究から時間が経っているので現代と比較する、文系学生が研究対象だったので私は理系学生でやる。こういう発展のさせ方です。「比較」は研究の基本的方法論です。

★ とっておきの研究テーマ

関心と呼べるものがないという人、また研究テーマが決まらないという人もいるかもしれません。そんな人にとっておきの研究テーマがあります。

なぜ自分には「関心」と言えるものがないのか、なぜ自分は研究テーマが決まらないのか。もちろん、このままでは研究になりません。そこで、いったん「自分」から解放してみましょう。すると、その途端に研究テーマが目の前にあらわれるはずです。人はどんなことに関心を持つのか。関心を持つに至った経緯は？　他の人は、どのようにして研究テーマを決めているのだろうか。この問いであれば研究になります。研究結果はきっと後進の学生にも読まれるでしょう。

卒論テーマが決まりそうにない学生がいたら、このテーマを提案しようと思っていました。しかし結局叶いませんでした。学生たちは、なんとか研究テーマを決めていたのです。

研究テーマのさがし方

卒論で何をテーマに研究すればいいのか、悩む人は少なくありません。私のブログで最も読まれた記事も「研究テーマの決め方」でした。以下では、その記事の内容を膨らませながら、研究テーマのさがし方を見ていきましょう。

★「世間の声」をきく

新聞読者の投稿には人や社会のようすが反映されます。投稿欄はどの新聞にもあり、「世間の声」がきける宝の山です。さらに投稿を読んだときの感想も研究テーマにつながります。

ある新聞に、こんな投書が載りました。駐車場で落とした財布が無事戻ってきたという内容です。投書には本人の手に戻るまでの経緯が書かれ、「届けてくれた人のあたたかい行為に感謝」とあります。最後は「すばらしい日本人も多い。私も人に親切にしていきたい」という一文で結ばれていました。

これを読んだとき、こう思いました。財布が手元に戻ったのは事実でも、届けた人の行為を「あたたかい行為」ととらえ、「すばらしい」が日本人一般に向けられるのはどうしてなのだろう。

投稿欄には、アンサー投稿が載ることもあります。ある日、留学生の投書が載りました。電車内での席の譲り方で悩んでいるという内容です。高齢者に席を譲ろうとしたら「失礼な」と言われたのがきっかけです。日本語の教科書は「席を譲らない冷たい若者」が増えていると強調します。しかし実行したら断られた。外国人の私はどうすればいいのでしょう、と書かれていました。

はたして3週間後、アンサー投稿が載りました。投稿主は、留学生の出身国を旅行したことのある人です。日本人を代表してお礼を言いたい、で始まる投書には、私にも同じような経験があります。いまは事前に「お座りになりますか？」と確かめるようにしているとのアドバイスが書かれていました。旅行で貴国を訪れた際、親切にしていただき感謝している、ともありました。

3通の投書には、国という大きな言葉が出てきます。気になったのは私だけでしょうか。違和感は研究のきっかけになります。

読者投稿は記事データベースには見出しのみ掲載され、本文まで収録されているとは限りません（著作権の関係です）。読んだら、その場でスクラップしましょう。投稿は載るタイミング、読むタイミングが大事です。投稿内容の文脈共有度が異なるからです。卒論期間中は投稿欄に目を通し、アンテナを張るようにしましょう。投稿も含む新聞記事の社会心理学的読み方では、三井(2009) の「新聞記事活用術」が参考になります。

★「研究者の関心」をさぐる

日本社会心理学会は社会心理学者のコミュニティです。会員は1,700名あまり、毎年秋に大会が開かれ、会員による研究発表が行われます。発表骨子を収めた大会論文集は大会終了後、学会サイトで公開されます。このデータベースで、社会心理学者の関心や最新の研究状況がわかります。

大会論文集データベースは、学会のホームページ（https://www.socialpsychology.jp）にあります。論文題目をながめるだけでもいいですし、関連語で検索するのもいいでしょう。検索方法は、論文題目を調べる「発表論文情報検索」と、論文全体を調べる「発表論文集原稿全文検索」の2種類があります。論文とはいうものの、本文は1ページか2ページ。すぐ読み終えます。

学会誌「社会心理学研究」に目を通すのもいいでしょう。これも学会ホームページで見られますが、テーマ選定の段階では「論文ニュース」がお勧めです(https://www.socialpsychology.jp/ronbun_news/)。中身は論文著者の場外コメントと書面インタビューで、論文で注目してほしいポイントや研究でくふうした点と苦労した点、研究のきっかけが語られています。

★「他人の知恵」をかりる

先生は、あなたの関心を的確に引き出してくれます。が、そのためには条件があります。あなたの頭の中にあることをできるだけ詳しく話すことです。その際、事前に調べたことが役に立ちます。あなたからの情報が多ければ多いほど、先生もアドバイスしやすくなります。先生の多くは指導学生の卒論を保管していますのでそれも見せてもらいましょう。

「卒論　社会心理学」で検索するのもいいと思います。学科やゼミで公開している卒論タイトル一覧がヒットしますよ。

型を知り手本をまねる

研究には型があります。型とは、研究アイデアをカタチにし（定式化と言います)、研究結果をカタチ（論文）にする術です。小屋を建てたいと思っても、気持ちだけでは建てられません。研究も同様です。

研究の型は、研究の進め方と論文の書き方の二つに分かれます。それぞれの内容は学問分野で異なりますが、心理学を含む実証研究はほぼ共通しています。さっそく見ていきましょう。

★ 研究の進め方

研究テーマを決めたら、これまでにどんな研究がなされているのか、先行研究を調べます。それを読みながら、リサーチ・クエスチョン（RQ）を考えましょう。RQとは、研究（リサーチ）で明らかにする問い（クエスチョン）のことです。

RQは探索型RQと仮説型RQの2タイプに分かれます。例をあげましょう。「SNS利用は利用者にどのような影響を与えているか」、これは探索型RQです。他方、「SNSの利用頻度と自己評価との間には関連があるだろうか」となると、これは仮説型RQです。検討する要因が明確だからです。さらに関連の方向まで踏み込むと、もはや仮説です。仮説型RQは先行研究から生まれます。先行研究が乏しい場合は探索型RQからのスタートになります。

RQを実証するための研究計画を考え、それに沿ってデータを収集し、分析します。そして統計スキルの出番です。分析結果は先行研究と関連づけながら考察します。最後は論文としてまとめる作業です。

★ 論文の書き方

研究結果を論文にするための型は、全体構成、文章表現・表記、図表、引用、に分かれます。それぞれの型は論文の執筆要領で明記されています。

実証研究における執筆要領のスタンダードは、アメリカ心理学会（APA）の *Publication Manual of the American Psychological Association* です。2019年に刊行された第7版が最新版で、『APA論文作成マニュアル 第3版』として翻訳されています。日本の学会誌の執筆要領は、このマニュアルに準拠しています。『APA論文作成マニュアル』は大学図書館や研究室に入っていると思います。卒業論文でAPAレベルのルールを要求する大学はないと思いますが、一度見てみたらどうでしょう。研究の世界が実感できます。

卒業論文には、日本社会心理学会の学会誌である「社会心理学研究」の執筆要項がおすすめです。ほどよい厳格さだからです。卒論に関係する部分を抜粋して巻末に載せました。

「神は細部に宿る」と言います。執筆要領のルールは守られていないけど、中身はすばらしい。そのような論文は見たことがありません。私に限ったことではないと思います。外見と中身は連動するものです。外見から中身に入るという手もあります。外見をきちっとしようと思うと、確かめるべきことがいろいろと出てきて、中身も自ずとよくなります。

★ 手本をさがす

次に、いい研究といい論文をさがします。型は、文章で言えば文法です。文法知識は必要ですが、それだけではいい文章を書けるようにはなりません。実際のいい文章に接することが肝要です。研究も同様です。いい研究を手本に研究し、いい論文を手本に執筆しましょう。

手本のさがし方はいくつかあります。一つは先生に推薦してもらう方法です。ほかに科学技術振興機構の運営するJ-STAGEを利用する方法もあります。「社会心理学研究」のページ（https://www.jstage.jst.go.jp/browse/jssp/-char/ja）に行くと、「月間アクセス数ランキング」を目にするはずです。そのリストから選んでみるのはどうでしょう。

「月間アクセス数ランキング」はJ-STAGE共通の仕様です。したがって、他の雑誌、「実験社会心理学研究」（https://www.jstage.jst.go.jp/browse/jjesp/-char/ja）、「パーソナリティ研究」（https://www.jstage.jst.go.jp/browse/personality/-char/ja）、「心理学研究」（https://www.jstage.jst.go.jp/browse/jjpsy/-char/ja）でも、同様の情報は得られます。いずれも学会誌です。どの学会誌にも社会心理学の研究論文は載っています。

リサーチ・クエスチョンをたてる

研究テーマが固まったら、この研究で何を知りたいのか、何を明らかにしたいのか、リサーチ・クエスチョン（RQ）をたてます。

★ Why から How へ

クエスチョンとは疑問です。疑問の出発点はおそらく「なぜ？」あるいは「どうして？」でしょう。小さいころ、「どうして？」と周りの大人に聞いて回った経験はありませんか。RQも同様に、「どうして？」と、Whyで始めたくなるかもしれません。あることがらの背景にどんな理由があるのか、どんな原因があるのか、気にならない人はいないでしょう。しかし、そのことがらをつき詰めると、その理由や原因は、その前のできごとの結果です。つまり因果は連鎖ですので、追究し始めると止まらなくなります。堂々巡りに陥る可能性、原因が拡散する可能性もあります。

そのような事態を避ける方法があります。それは「どのように」と、クエスチョンをHowで始めることです。次のような例で考えてみましょう。

「人はなぜインターネットを利用するのか」。典型的なWhy型RQです。それを知りたくて、理由をたずねたとします。「便利だから」「必要だから」という答えが返ってきそうです。すると、次に「なぜ便利だと利用するのか」「なぜ便利と思うのか」と知りたくなりませんか。「必要だから」という答えも同様です。

こうも言えるでしょう。「便利だから」や「必要だから」には発見がありません。聞かなくてもわかることです。それに対し、How型RQ「どのように人はインターネットを利用するのか」という問いの答えは多岐にわたります。インターネットの使い方は人によって異なりますから、聞かないとわかりません。回答を集め、利用状況を分析すれば、本来知りたかったRQ「人はなぜインターネットを利用するのか」に迫れます。

心理学はそもそもWhyの解明に向いていないように思います。心理学が貢献できるのはHowの解明ではないでしょうか。人間の社会行動をWhy視点で分析しようと思っても、Whyにかかわるすべての要因を扱えるわけではありません。限られた範囲でしか追究できません。しかしHow視点の研究であれば、扱った要因を前提とした説明は意味を持ちます。

Why型でたてたRQはHow型に組み替えてみましょう。

★よいリサーチ・クエスチョンとは

よいリサーチ・クエスチョンとはどんなものをさすのでしょうか。卒論研究には期限があります。RQはそれまでに答えの出るものにしなければなりません。そのための要件を考えてみました。以下の3項目です。

(1)　分析枠組みが明確である

「人はどのような動機でインターネットをどう利用するのか」というRQには「利用と満足」研究が反映されています。この研究はマスメディアの受け手の主体性に注目したものです。RQは、このように理論的裏付けや概念がうかがえるものにしましょう。それによって、結果も考察しやすくなります。

(2)　研究の対象と対象者が限定されている

「人はどのようにインターネットを利用するのか」というRQは漠然としています。「人」を大学生に絞る、「インターネット」をSNSに限定する。人や対象を絞ると実行可能な研究になります。その際、重要なのは、なぜ大学生なのか、なぜSNSなのか、です。研究対象者や研究対象が広いままでは収拾がつきません。実はこれでもまだカバー範囲が広いので、たとえば「友人関係において」と場面を限定すると、もっと研究しやすくなります。

(3)　基準となる先行研究がしぼられている

先行研究と自分の研究とのつながりを明確にします。先行研究は高校生を研究対象にしていたので、私は高校生以外の層を扱う。10年前のデータなので、その後の変化を調べる、といった具合です。その際、先行研究と違うのは対象者だけ、時点を延ばしただけ、のように変える要因を一つにとどめるのがポイントです。先行研究と異なる要因を限定すると、知りたかったことが浮き彫りになります。

【読書案内】

- 小坂井敏晶（2020）『増補 責任という虚構』筑摩書房

研究法の選び方

社会心理学の研究法は、実験法、質問紙法、観察法、インタビュー（面接）法、内容分析に分かれます。

研究法はリサーチ・クエスチョン（RQ）にふさわしいかどうかを基準に決めます。因果関係を明らかにしたいときは実験法、ある争点に対する人々の考えや行動を明らかにしたいときは質問紙法がそれぞれ適しています。人間行動は「百聞は一見に如かず」と考えるのであれば観察法が、本人に聞かなければわからない、と考えるのであればインタビュー法が適しています。既存資料しか研究材料がないときは史資料の内容分析です。観察法と内容分析には、研究対象者に負担をかけないという特徴もあります。

研究法の選択にはRQ以外の基準もあります。条件統制に美しさを感じるから実験法。アンケートのやり方を一通り学びたいから、あるいは心理尺度を使いたいから質問紙法という考え方は、その一例です。人間観察が好きだから観察法。人の話を聞くのが好き、書き起こしは苦ではない、だからインタビュー法、という考え方もあるでしょう。SNSのログを分析するのが得意だから内容分析にするという考え方もあります。自分の好きな方法や得意な方法と興味関心とをすり合わせるのもいいと思います。好きでも得意でもない方法でいい研究はできません。

質問紙（調査）法には、言葉を介することに由来する限界はあるものの、利点も多くあります。たとえば、村田（2007）は次のように評します。

「質問紙研究は初学者が最初に出会う可能性のもっとも高い研究法で、他の方法と比べてハードルが低い」、質問紙研究は倫理基準を「理解し厳守する点に関しても比較的学びやすいだろう」。

最後に、5種類を一通り経験した私の印象をかかげます。

- 実験法──人の行動反応をみたいとき
- 質問紙（調査）法──ある人たちを比較分析したいとき
- 観察法──観察でしか得られない行動データを集めたいとき
- インタビュー法──人をまるごと理解したいとき
- 内容分析──人間や社会の痕跡を分析したいとき

コラム3　ある社会心理学研究室の卒業論文

広島大学の社会心理学研究室は、1952年度の1期生から2011年度までの間に277名の卒業生を送り出しました。彼らはどんな卒論を書いたのでしょうか。卒論テーマを、深田（2011）が分析しています。テーマ分類は「筆者のあいまいな主観的基準」にもとづくそうですが、それでも一定の傾向がうかがえます。さっそく見てみましょう。

●第1期（1952～1971年度）

73点の内訳は、ミクロな個人レベルの研究が25（態度13、社会的認知12）、マクロな集団レベルの研究が33（集団26、産業組織7）です（その他15）。

●第2期（1972～1991年度）

卒論は113点です。テーマの内訳は、個人レベル38（社会的認知19、態度19）、対人レベル34（対人コミュニケーション12、対人心理9、対人行動9、対人関係4）、集団レベル17（集団17）です（その他24）。集団レベルの研究が減り、個人レベルと対人レベルそれぞれの研究が増えています（下図）。

●第3期（1992～2011年度）

卒論は91点です。テーマの内訳は、個人レベル40（態度23、社会的感情10、社会的認知7）、対人レベル25（言語方略15、対人心理6、対人行動・対人関係4）、集団レベル3（集団3）です（その他23）。集団レベルの研究がさらに減る一方で、個人レベルの研究が増えています（下図）。

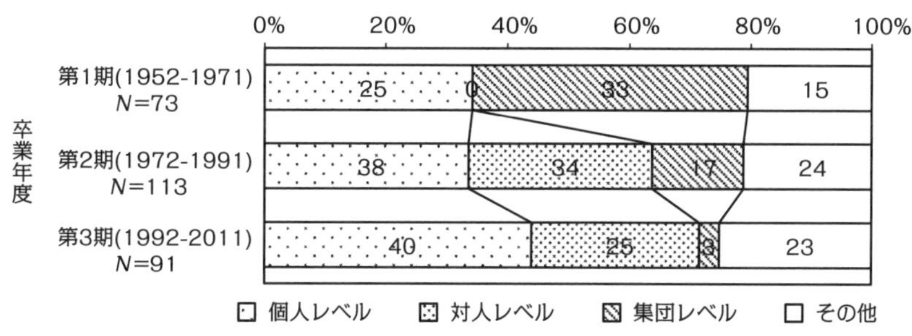

先行研究をさがす

研究で最初から最後まで欠かせないのが先行研究です。ここでは、先行研究をさがすための文献検索サイト、そして簡単な検索法（検索語の指定方法）を紹介します。

★ 主な文献検索サイト

（1）CiNii（サイニィ） Research

https://cir.nii.ac.jp

国立情報学研究所（NII）が運営する、日本最大規模の学術情報検索サイトです。2022年4月、国内の学術雑誌や大学研究紀要の収録論文をカバーしていたCiNii Articlesを吸収、検索範囲が広がりました。CiNii Researchはもともと書籍もカバーしていたので、これで論文と書籍（CiNii内では「本」）を一括して検索できます。

検索結果は「関連度順」で表示されます。「新しい順」「古い順」という選択肢もあり、それぞれ出版年の降順、昇順で表示されます。

（2）J-STAGE

https://www.jstage.jst.go.jp

科学技術振興機構（JST）が運営する電子ジャーナルサイトで、検索機能もあります。「社会心理学研究」をはじめ、日本国内の学協会や研究機関における学術刊行物（ジャーナル）が登録されています。検索機能を使うと、雑誌（J-STAGEでは「資料」と呼びます）を横断して文献を探します。検査結果は「ヒット率」、関連性の順で表示されます。発行日順（新しい順か古い順）にも切り替えられます。

My J-STAGEに登録すると、検索条件が保存でき、「お気に入り」の記事や資料に関する最新情報がメールで届きます。

（3）Google Scholar

https://scholar.google.co.jp

Google社が運営する世界最大規模の学術情報検索サイトです。外国語文献を検索したいときに使いましょう。

検索結果は「関連性」の順番で表示されます。古いものが上位に来ることもあり、新しいものを優先したいときは〈日付順に並べ替え〉をクリックして変更します。あとで読むときは「☆保存」をクリックして、「マイ ライブラリ」に保存しておきます。「引用」をクリックすると、引用文献リストの書式で書誌情報が表示されます。APA（アメリカ心理学会）スタイルも含まれています。ただし日本語の雑誌名も斜体で表示されますので、正体にしたほうがいいでしょう。

★ 検索語の指定方法

複数の語句で検索するときは以下のように指定します。

（1）AND検索

語句と語句の間にスペースを入れるか、「語句△AND△語句」とします（△はスペース）。ANDは大文字です。ANDの代わりに&も使えます（スペースやAND、&、以下のORもNOTも全角、半角を問いません）。

たとえば感染症対策に関する文献を探したいときは、「感染症△対策」と指定します。検索結果には「感染症」と「対策」の両方を文献のどこかに含む文献が表示されます。最初から「感染症対策」としてしまうと、この語を含む文献しかヒットしません。

（2）OR検索

語句と語句の間に「△OR△」を入れます。たとえば質問紙調査を用いた文献をもれなく探したいときは類義語である「アンケート調査」をORで指定、「質問紙調査△OR△アンケート調査」とします。検索結果には「質問紙調査」と「アンケート調査」のどちらかを含む文献が表示されます。

（3）カッコ検索とNOT検索

検索語では丸カッコが使えます。たとえば「（質問紙△OR△アンケート）△AND△調査」と指定すると、カッコ内が優先し、「質問紙」ないし「アンケート」を含み、かつ「調査」を含む文献を検索します。

論理演算子として、この他にNOTも使えます。NOTはその語句を含まない文献を検索する場合に用います。たとえば「質問紙調査△NOT△質問紙実験」とすると、「質問紙調査」を含む文献から「質問紙実験」を含む文献が除かれます。

先行研究を読む

ここで言う先行研究とは、ジャーナルに掲載された論文です。論文検索では、ジャーナル（学会誌）に掲載された論文と紀要（大学や研究機関による論文誌）に掲載された論文がヒットします。前者は査読があるのに対し、後者は査読があるとは限りません。先行研究は、ジャーナルに掲載された論文を優先して読みましょう。

★ 先行研究を読む意義

(1)　研究動向がわかる

先行研究を読むと、そのテーマに関して、どんな研究がなされ、何が明らかになっているかがわかります。先行研究は新しいものから読み進めます。読む際は「引用文献」もチェックしましょう。レビュー論文（そのテーマに関する先行研究を整理・評価した文献研究）が見つかったら、これ幸い。研究動向がまるごとわかります。

(2)　引用文献に使える

読んだ先行研究は卒論研究の参考になり、結果として引用文献になります。論文の冒頭に書く「問題」は先行研究の整理ですし、質問紙の作成では先行研究で使われた設問を利用することになるでしょう。データ分析でも先行研究が役立ちます。「考察」では先行研究との照合が欠かせません。

(3)　研究の手本になる

研究論文を読むと、研究の型がわかります。問題意識を具体化し、研究に結びつける方法、データの分析方法がわかります。質問紙調査を使った研究であれば、設問の作り方もわかります。読み込んだ論文は、自分の研究結果の比較対象になる可能性も高いでしょう。

(4)　執筆の見本になる

論文を読むと、論文の型がわかります。論文は一般に、問題、方法、結果、考察、引用文献という五つのセクションからなります。卒論で言えば、それぞれが一つの章です。読んだ論文は、卒論執筆の見本になってくれます。一つ一つの文章が大事です。いい文章に出会ったらメモしておきましょう。

卒論は先行研究の真似（追試研究）もいいと思います。大きな失敗が避けられるからです。そうは言っても実は真似するのも容易ではありません。論文に書かれていない部分は、あなたの知識や技量が左右するからです。絵画などの模写を想像すればわかると思います。

★ 論文の読み方

最初にキーワードをチェックします。英語のキーワードも、です。キーワードはその研究の重要概念、文献検索で役に立ちます。キーワードを頭に置きながら、読み進めます。

論文の基本的な読み方を紹介しましょう。まず論文の冒頭と末尾、図表で、研究の全体を把握します。冒頭とは論文最初のセクションで、一般に「問題」という表題がつきます。問題意識や先行研究のレビュー、研究目的、リサーチ・クエスチョンや仮説が書かれています。末尾とは「考察」の後半で、「結論」や「課題」にふれています。この箇所は「問題」とセットで書かれます。研究の結果、結局どうだったの？　という読者の関心に対するアンサーです。「課題」は卒論のテーマを考えるヒントになります。図表には主要な結果が収められています。

論文は批判的に読むものだと思っている人もいるかもしれませんが、大事なのは理解すること。批判はそれからです。

論文を読むのはしんどいと思ったら、新書で背景知識を増やしましょう。岩波新書、中公新書、ちくま新書、講談社現代新書には（社会）心理学者の著書も収められています。翻訳書では、ハヤカワ文庫NF（ノンフィクション）がお勧めです。サイエンス社の『セレクション社会心理学』シリーズは、レビューものとして定評があります。

【読書案内】

● 浦上昌則・脇田貴文（2020）『心理学・社会科学研究のための調査系論文の読み方　改訂版』東京図書

コラム4　ゼミと卒論

みなさんの多くはゼミに入って、そこで卒業論文の指導を受けていることでしょう。大学の授業は「講義」「演習」「実験」「実習」「実技」の五つに区分されます。このうちの「演習」がゼミにあたります。

ゼミはドイツ語の「ゼミナール」に由来します。「ゼミ」を引くと「⇒ゼミナール」とあり、「ゼミナール」の項を見ると、こう書かれています。

「大学の教育方法の一。教員の指導の下に少数の学生が集まって研究し、発表・討論などを行うもの。演習。ゼミ。セミナー」(『広辞苑』)。卒論は、ゼミの総仕上げとの位置付けです。

ゼミと卒業論文の結びつきは京都帝国大学で生まれました。その経緯を潮木(1997)に依拠しながら見てみましょう。

19世紀、ドイツの大学は、研究を通じた教育をめざしていました。学生はトレーニングを受けると、独自に研究を行い、それを発表、さらに議論を展開する。そのための場がゼミナールでした。京都帝国大学法科大学はそれを踏襲し、1889(明治32)年の規程改正に、次の2点を盛り込みました。

第1は講義の完全な理解を与え、かつ学生の研究心と実地応用能力を啓発するために「演習科」を開設、第2は学生の独創力を涵養するために「卒業論文」を義務付ける内容でした(天野, 2009)。演習科とはゼミナールのことです。「学生は必ず1年以上、いずれかの演習に参加し」、演習で「対象とされたテーマについて論文を作成し、提出」、「教授はすべて毎学年演習を開設」しなければならなくなりました(潮木, 1997)。その後、優秀論文は『京都法学会雑誌』に収録されることとなり、1906年の創刊号には、埋没して伝わらないまま散逸するのは遺憾である、との旨が語られています。

しかし、規程は8年で改正され、東大と変わらなくなりました。高等文官試験での惨敗と法科志望学生の忌避(東大集中)が理由だろうと、潮木(1997)は推察します。「ゼミナールを重視し、卒業論文を課し、これを通じて『自学自修』『不羈(ふき)独立自由研究』をめざした」京大教授たちの意図は、当時の日本の「大学教育にとっては一つの大きな挑戦だった」。

卒論とゼミのセットは、いまなお大学教育の「挑戦」のように見えます。

コラム5　ある社会心理学ゼミの卒業論文

ある社会心理学ゼミの卒論テーマを分析した報告があります。フィールドは関西大学の高木修ゼミです。高木ゼミは「対人関係、対人行動の社会心理学的研究」をテーマにかかげ、1977年度以来2009年度まで481点の卒業論文を生み出しました。それらのテーマを内容分析した結果が、高木他（2011）です。さっそく見ていきましょう。

卒論は、タイトルをもとに「その他」を含む14カテゴリーに分類されました。31年間でもっとも多かったテーマは「援助行動」の74点で全体の15.4%を占めます。以下「対人関係」72点（15.0%）、「攻撃行動」53点（11.0%）、「自己」43点（8.9%）、「被服行動」41点（8.5%）、「マスコミ・社会文化現象」40点（8.3%）と続き、上位6テーマで全体の67.1%を占めます。援助行動や攻撃行動、被服行動は指導教員の研究テーマなので、そのことも結果に影響していると思われます。2番目に多かった「対人関係」の過半数は臨床的関心にもとづく内容で、自身の問題解決が研究のきっかけになっているようです。

31年間の変化では（下図）、「援助行動」「攻撃行動」「被服行動」「マスコミ・社会文化現象」の4テーマが減少しているのに対し、あとになるほど「対人関係」と「自己」が増加しています。

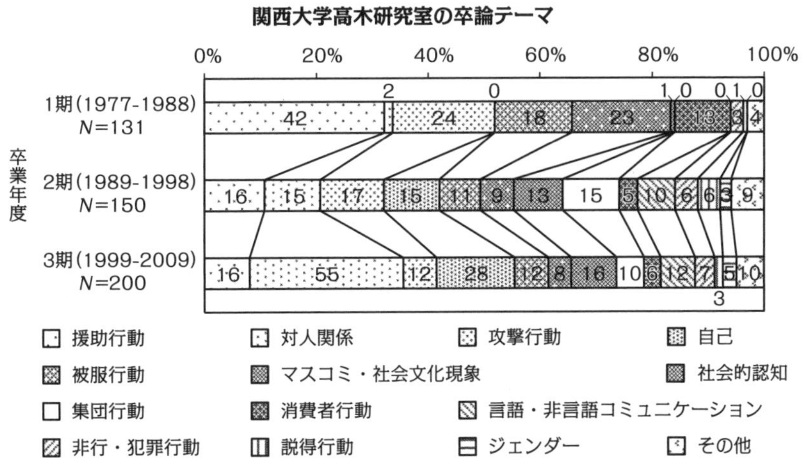

翻訳サイトを使う

研究の過程では英語論文を読む機会が出てきます。この数年でコンピュータ翻訳の性能が向上しました。以下では、DeepL翻訳とGoogle翻訳という二つを紹介しましょう。

★ 翻訳サイトの利用法

（1） DeepL翻訳

https://www.deepl.com/ja/translator

DeepL翻訳はドイツのDeepL GmbHが開発した機械翻訳サービスです。翻訳対象は、テキストと文書ファイル（Wordファイル、PowerPointファイル、PDFファイル）です。無料版では1,500字までのテキスト、5MBないし10万字までの文書ファイルを翻訳できます。

（2） Google翻訳

https://translate.google.co.jp

翻訳対象はテキスト（5,000字以下）、およびドキュメント（テキストファイル、PDFファイル、MS Office系ファイル）です。ドキュメントのファイルサイズは10MBまでです。Google翻訳にはサイトごと翻訳する機能もあります。テキストボックスにURLを入力すると、それが右側の翻訳ボックスに表示されます。そのURLをクリックすると、URL先の画面が翻訳された状態で表示されます。サイト翻訳はGoogle Chromeでもできます。

★ 翻訳結果のちがい

翻訳結果の評価はいまのところDeepL翻訳のほうが高いようです。他方、Google翻訳は翻訳対象が多岐にわたるのが強みです。

DeepL翻訳による訳文は文意優先でわかりやすい半面、ところどころ省略され、原文に相当する訳文が見当たらない場合もあります。他方、Google翻訳による訳文は逐語訳といった印象が強く、わかりにくい箇所もありますが、省略されることはまずありません。

コラム6 COVID-19と卒業論文

2020年1月、ここまでひどくなると誰が予測していたでしょう。あのCOVID-19（新型コロナウイルス感染症）です。おそらく多くの人が対岸の火事と思っていたのではないでしょうか。しかしその月の中旬には国内最初の感染者が報告され、感染はたちまち広がりました。

COVID-19は感染症です。感染症そのものは社会心理学の手に余ります。しかし社会の中で起きる以上、感染症もすぐれて社会的な現象です。国内では、医療従事者や感染者に向けられた差別（村山, 2022）やワクチンに関するデマの発生が報じられました。これらは、その深刻な例です。

卒業論文でCOVID-19に関する研究を考えている人もいるかもしれません。そのときは、まず日本社会心理学会のサイトをチェックしてください。「新型コロナウイルス感染症に関わる社会心理学研究」（bit.ly/3ogfvon）というメニューがあり、そこに同学会のメンバーを著者とする「学術論文」「一般記事」「大会発表論文」のリストが載っています。リスト内の研究はすべてネットで読めるものばかりです。

ジャーナルでもCOVID-19特集が相次ぎました。たとえば、2020年には*British Journal of Social Psychology*（59巻3号）が、2021年には*The Journal of Social Psychology*（161巻4号）と『心理学研究』（92巻5号）が、それぞれ特集を組みました。

関連研究を広くさがすのであれば、「インフルエンザ」という言葉で検索してみましょう。2009年に日本でも流行した新型インフルエンザの研究がヒットするはずです。これらを参考にすれば新型インフルエンザをCOVID-19に置き換えるだけで研究できますし、COVID-19の比較材料にもなります。

COVID-19をめぐる状況は日々変わっています。研究の観点からすると、COVID-19というパンデミック（世界的大流行）は、そのときしか扱えない貴重な現象です。流行さなかの質問紙調査は、いわばそのときしか撮れないスナップショットです。質問紙調査は社会現象の貴重な記録方法と言えます。

III 質問紙の作成

場面としての質問紙調査

質問紙調査（questionnaire survey）とは、あらかじめ決められた人たちに「質問紙」に答えてもらい、その回答をデータとして分析する方法です。

質問紙（questionnaire）は、あることがらに関するデータを得るために設計された設問（質問文と回答（形式）のセット）群で構成された様式をさします（文脈によって「調査票」と呼ぶこともあります）。

質問紙調査のデータは回答者自身による言語報告です。調査者は言葉でたずね、回答者も言葉で返します。言い換えると、「そう聞かれたからそう答えたまで」というのが「回答」です。平松（2011）が回答方法の比較実験を行っています。おもしろい結果が得られています。見てみましょう。

質問文は「あなたはどのようなときに“生きがい”を感じますか（いくつでも）」、選択肢は以下の五つです。

1. 仕事をしているとき
2. 遊んでいるとき
3. 勉強しているとき
4. 休んでいるとき
5. その他

これらは「仕事」か「遊び」か、という古くからの生きがい論争をふまえて作られています。

以下が学生39人から得られた結果です。

1. 仕事をしているとき	50%
2. 遊んでいるとき	58%
3. 勉強しているとき	20%
4. 休んでいるとき	23%
5. その他	35%

「仕事」と「遊び」がどちらも50%台で拮抗しています。次に、同じ質問で「なるべく具体的に」と自由回答で答えてもらった結果を見てみましょう（上位5項目）。回答者は学生35人です。

・何かをやりとげたとき	31%

・何かに熱中しているとき　20%
・一日が終わった夕方　14%
・遊んでいるとき　11%
・生きていることを感じたとき　11%

「やりとげたとき」「熱中しているとき」といった主観的経験が上位を占めました。ついで「夕方」という時間帯による回答、選択肢型設問にもあった「遊んでいるとき」という行為レベルの回答、「生きていることを感じたとき」という「生きがい」の言い換えに近い回答が続きます。全体として、自由回答の雑多性がうかがえる結果です。

二つの結果を比較して気づいたことはないでしょうか。最初の選択肢型設問で「その他」が35%にのぼりました。1/3と無視できない大きさです。そのことと自由回答で主観的経験が上位を占めたこととの間には関連がありそうです。回答者は生きがいを主観レベルで考えていたのに、それがなかったため「その他」を選んだと言えないでしょうか。仕事か遊びかという行為レベルの枠組みが回答者の枠組みに沿っていなかった可能性があります。

似た経験はみなさんにもあると思います。質問の枠組みと自分の中の枠組みがずれていて答えようがないという経験です。回答者は調査者の枠組みに沿って回答します。その枠組みが選択肢です。選択肢型設問は行為レベルで「生きがい」をとらえることを意図していました。調査者は「何かをやりとげたとき」や「何かに熱中しているとき」とはどういう場面なのか、それを知りたかったのです。極論を言えば、「何かをやりとげたとき」「何かに熱中しているとき」という回答は調査者にとって発見がありません。

質問紙調査で得られた回答は、それが事実とは限らないことに留意すべきです。つまり50%の人が「仕事をしているとき」生きがいを感じているのではなく、五つの選択肢でたずねたら50%の人が「仕事をしているとき」を選んだ。これが事実なのです。

平松（2011）では質問文が共通でした。質問文が違うと、同じ選択肢でも、回答は変わる可能性があります。「あなたはふだんどのようなときに」と日常場面を強調すると、「勉強しているとき」を選ぶ人が多くなるかもしれません。「そう聞かれたからそう答えたまで」を意識すると、結果の書き方も、たとえば「……と回答した人は50%だった」となります。

質問紙の作成手順

質問紙完成までの手順を一通り押さえておきましょう。

★質問項目を整理する

質問紙調査の目的はリサーチ・クエスチョン（RQ）の解明です。それにそって質問項目を考えます。たとえば「SNSをよく使う人ほど」という一文がRQに含まれていたら、「SNSの利用頻度」が質問項目になります。RQに明示されていなくても、関係しそうな要因は質問項目に加えます。たとえば先行研究でも指摘されているし、自分も関心があるというのであれば、「性別」を含めます。

質問項目は多めにあげて取捨選択します。質問項目が一応決まったら、聞く順番に並べます。最初に、研究テーマに関する設問群を置き、次に回答者の心理的傾向に関する設問群、最後に回答者の属性に関する設問を置きます。

★質問項目を設問にかえる

「SNSの利用頻度」をたずねるとしましょう。ここで検討を要するのは「SNS」と「利用頻度」の二つです。「SNS」はSNSのまま一括できくのか、それともLINEやTwitter、Instagram、Facebookとサービスに分けて聞くのか、あるいは最もよく利用するSNSを一つ選んでもらい、それについて答えてもらうのかを決めなければなりません。「利用頻度」は1日あたりで聞くとしても、その1日を「ふだん」とするのか、この1ヶ月と限るのか。回答形式も同様です。選択肢で聞くにしても「頻度」の区分をどう設定するか、考えなければなりません。また利用頻度ではなく利用時間で聞くほうが適切な場合もあります。設問の検討は、調査対象者を頭に浮かべながら行うことが肝要です。

このように設問（質問文と回答）をゼロから作るのは問題山積です。しかも完全な自作にしてしまうと、過去の調査結果との比較ができません。設問の作成に先立って、既存調査に類似した設問がないかよくさがしましょう。

★質問紙を組み立てる

設問を聞く順番に並べたら、全体の流れがスムーズか確かめます。

全体のボリュームはA4判4ページを目安にします。それ以上になると、回答者の負担が増し、最後まで答えてもらえる可能性が低くなります。冒頭の挨拶部分を考慮すると、設問本体は3ページ半程度に収めるのが理想です。

★プリテストを行う

質問紙ができあがったら、まず自分が回答者になったつもりで答えてみます。設問の流れはスムーズか、答えにくかった設問はないか、設問の量は適度かを確認します。回答中に、誤字脱字が見つかるかもしれません。

次は調査対象者に近い人たち、数人から10人程度の人に答えてもらいます。これをプリテスト（試行調査）と言います。プリテストは本番と同様の状況で行います。紙の調査であれば紙で、オンライン調査であればスマホやPCで行います。回答者には質問紙を改善するための調査であることも伝えましょう。積極的にコメントをもらえる可能性が高まります。

プリテストでの主な確認事項は以下のとおりです。

まず回答時間。紙であれば10分以内、オンライン調査であれば数分以内が目安です。回答者が飽きたり疲れたりしない程度に収めることが大事です。

回答が終わったら感想を聞いてみましょう。設問の流れやレイアウト、ボリューム、回答時間の感覚は押さえておきたいことがらです。ついで、個々に設問を見ていきながら、読めない漢字や意味のわからない語はなかったか。質問文や選択肢でわかりにくい箇所はなかったか、回答で迷ったことはないか、確かめていきます。指摘された点は、細かい内容もメモしておきます。あとで役に立ちます。

集計結果の分析では、特定の選択肢や評定値に回答が集中していないか、「その他」の自由記述欄には何が書かれているか、チェックします。

質問紙は、完成したら必ず指導教員に見てもらいましょう。質問紙の出来栄えが研究のカギを握っているからです。

質問紙の構成

質問紙の構成に関する考え方はいろいろあります。社会心理学の調査であれば、B = F (P, E) というレヴィンの公式（Lewin, 1936）に沿って質問紙を構成するのも一つの考え方です。人の行動（Behavior）は、人（Person）と環境（Environment）で規定されること（Function）を示す公式で、Pには人格や個性、価値観が、Eには状況や場面が含まれます。

★ 質問紙の本体

（1） 研究テーマに関する設問

研究テーマにかかわるB（行動）とE（環境）をたずねるセクションです。つまり、社会行動、そしてそれにかかわる環境要因です。

流行現象の研究で考えてみましょう。流行採用行動をBとすると、流行状況の認知や流行情報の入手経路がEに相当します。

設問の作成では、まず先行研究や既存調査の質問紙にあたります。以下はよく知られている質問紙のデータベースです。

「東京大学社会科学研究所附属社会調査・データアーカイブ研究センター」(https://csrda.iss.u-tokyo.ac.jp)、「立教大学RUDA」(https://ruda.rikkyo.ac.jp/dspace)。その他のデータベースは、社会調査協会の「お役立ちリンク集」(https://jasr.or.jp/students/links.html) でリンクが張られています。

それらの中に適当な設問がなければ、自作するしかありません。自由回答調査やインタビュー調査で検討材料を集め、それをもとに作ります。

（2） 回答者の心理的傾向に関する設問

研究テーマにかかわる回答者の「心理的傾向」を測るセクションです。「心理的傾向」は、P（人）の構成要素です。ここでは既成の心理尺度を組み込みます。心理尺度とは「意識、感情、状態、態度、欲求、行動などの程度を測定するために、その心理的傾向と関連する質問項目から作られた物差し」（堀, 2001）です。流行関連では、永野（1994）の「被服行動尺度」にある「流行性」尺度や、「同調行動尺度」（葛西・松本, 2010）があります。

心理尺度はまず『心理測定尺度集』（全6巻）でさがします。その際、役立つのが伊藤崇さん（北海道大学准教授）の〈『心理測定尺度集Ⅰ～Ⅵ』所収尺度まとめ【完全版】〉（https://finnegans-tavern.com/labld/?page_id=41）です。

尺度集の最終巻が出たのは2011年、10年前です。その後も心理尺度は作られています。新しい尺度や同書に未収録の尺度は文献検索と同じ要領でさがします。

(3)　回答者の属性に関する設問（フェースシート）

回答者の属性――性別や年齢、職業、居住地――をたずねるセクションです。質問紙では、これらの属性要因もPとみなします。いろいろ聞きたくなるかもしれませんが、研究テーマに関連しそうな設問に絞りましょう。

各セクションのスペース配分は、6：3：1 あたりでしょうか。残った課題はFの検討です。設問に反映したB、P、Eの三者をどう結びつけるか、つまりFをデータ分析の枠組みに反映させます。

★ 質問紙の冒頭と末尾

質問紙の冒頭には以下の内容を含めます。ボリュームは1ページ目の上半分に収まる程度にしましょう。

・表題
・調査実施者（問い合わせ先）
・調査目的
・協力のお願い
・回答の秘匿保証

質問紙の末尾には自由回答欄を設け、感想などのコメントを自由に書いてもらえるようにします。ワープロ感覚なのでしょうか。オンライン調査では自由記述欄に記入する人が多い印象があります。調査者へのはげましが書かれることもあります。そして最後は、お礼の言葉で締めます。

【読書案内】

●髙橋尚也・宇井美代子・宮本聡介（編）(2023)『心理調査と心理測定尺度：計画から実施・解析まで』サイエンス社

コラム7　社会心理学の発想

レヴィンの公式、B＝F（P, E）は社会心理学的な見方を集約したものです。

ある事件を題材に、この公式の意味を考えてみましょう。

繁華街で3人組の男性に殴られた高校生が亡くなった事件です。高校生は街を歩いていた3人組の1人と肩がふれ、言いがかりをつけられました。その場から逃げようとした高校生を3人組は追いかけ、道端にあった空きビンでめった打ちにしたのです。記事には、3人組はやくざ映画を見たあとだったとも書かれていました（中村（1976）による紹介）。

このような事件が起こったとき、研究者はどのように説明すると思いますか（池上, 2008）。社会学者は、たとえば都市空間での生活が人間関係を希薄にし、人の心を荒廃させたと言うでしょう。それを実証するため、都市と農村における同種の犯罪の発生率を比較するかもしれません。社会変化から人全般の行動を分析するマクロなアプローチです。他方、臨床心理学者のアプローチは対照的にミクロです。事件にかかわった人物の人格、そして人格形成に関係しそうな生育歴や家庭環境を調べるのではないでしょうか。彼らの関心は個人の精神世界の理解に向けられます。では、社会心理学者はどう説明するのでしょうか。引用を続けます。

社会心理学者の関心は事件の発生状況に向けられます。たとえば、直前に見ていた映画の暴力シーン、そして道端の空きビンが凶器となり殴打を誘発した可能性に注目します。このように、行動の原因を行動主の状態とともに、状況にも求めるのが社会心理学の研究視点です（池上, 2008）。

レヴィンの公式で表現すると、社会学による説明はB＝F（E）、臨床心理学による説明はB＝F（P）です。付け加えると、EがPに影響を及ぼす可能性を考慮する点は両者で共通します。社会心理学は、BをEかPどちらか一方の働きかけとはみなしません。だからF（P, E）なのです。

社会心理学の発想はさらに、EによるBのコントロール可能性へとつながっていきます。路上にころがる空きビンを片付けるのはその一例です。P（暴力シーンによる影響）は変えられなくても、Eなら変えられます。

コラム8　啓発と質問紙調査

質問紙調査には啓発手段や告知手段としての顔もあります。

国立成育医療研究センター「コロナ×こども本部」が、新型コロナに関するオンライン調査を継続的に行っています。その第2回が2020年6月から7月にかけて行われ、新型コロナに関する差別と偏見をたずねる設問も含まれていました。「もし自分や家族がコロナになったら、そのことは秘密にしたい」「コロナになった人とは、コロナが治っても付き合うのをためらう」をはじめとする4項目からあてはまるものを選んでもらう複数回答の設問です。該当する項目がない人向けに「どれもあてはまらない」という項目も用意されました。

その結果、「どれもあてはまらない」を選んだ人は、子ども（小学生～高校生〈相当〉912名）で3割前後、保護者（5,710名）で2割前後でした。残りの人たちは4項目のうちの一つ以上を選びました（国立成育医療研究センター「コロナ×こども本部」, 2020）。このような結果が予想されたのでしょうか。調査画面では回答後、4コマの啓発マンガが表示されました。コロナは誰でもかかる可能性があり、治れば人に移すことはないことを説く内容です。

数ヶ月後に行われた第4回調査にも偏見や差別に関する次のような設問が含まれていました（国立成育医療研究センター「コロナ×こども本部」, 2021）。

以下の3項目それぞれについて、「まったくあてはまらない」「少しだけあてはまる」「まああてはまる」「かなりあてはまる」「わからない・答えたくない」の5種類から選んでもらう設問です。

(1)　もし自分や家族がコロナになったら、そのことは秘密にしたい

(2)　コロナになった人は、なるようなことをしたのだと思う

(3)　コロナになった人とは、コロナがなおっても、一緒にあそびたくない

ここでは、(2) の集計結果を紹介します。数値は「まったくあてはまらない」を選んだ人の数です。小学1～3年生46%、4～6年生38%、中学生24%、高校生（相当）34%。これらの数値は当時、まだ啓発が必要だったことを示しています。

設問の考え方

設問は、質問文（教示文とも言います）と回答形式のセットで考えます。

質問紙調査では、質問文と回答形式（選択肢）がすべて。インタビュー調査であれば、回答者の疑問にその場で答えられますし、追加説明もできます。しかし質問紙調査だとそういうわけにはいきません。調査者の意図が伝わりやすい質問文、そして回答者が答えやすい(回答者の反応に忠実な回答が得られる)選択肢のポイントを考えてみましょう。

★ 質問文

質問文は、自分について聞かれていることが伝わるような言い方にします。具体的には「あなた」という言葉を含めるのです。たとえば、「あなたは、いまの暮らしにどの程度満足していますか」といった具合です。「あなた」という言葉があることで、自分のことを聞かれていることが明確になります。もし「あなた」がくどい印象を与えるようでしたら、「あなた」の位置を変えてみます。

質問文には回答方法に関する説明も含めます。選択式回答では、「最も近い」という言葉を含めましょう。単一回答であれば、「あなたの考えに最も近いものを一つ選んでください」とします。「あてはまるものを一つ選んでください」だと、あてはまる項目が見当たらないとき、「その他」の選ばれる可能性が高まります。最悪の場合、無回答となるかもしれません。しかし「最も近いものを一つ」としておけば、回答者は自分の考えに一致する選択肢がなくても、「最も」近い選択肢を選んでくれるでしょう。

★ 回答形式

質問紙調査は大半が選択式回答です。選択式回答は、さらに単一回答、複数回答、評定回答の三つに分かれます。

単一回答は、あてはまる項目を一つだけ選んでもらう形式です。回答者の分類に向いています。複数回答は、あてはまる項目を「いくつでも」選んでもらう形式です。スペースに余裕があれば、個々の項目に「はい・いいえ」を付け、どちらか一方を選んでもらう形式にします。この個別強制選択には、回答者に熟読をうながし、回答時間が増え、項目選択数も増える効果があります(江利川・山田, 2018)。選択数に上限をつける聞き方も、回答者に熟考をうながすきっかけになります。

評定回答の代表例はリッカート尺度（尺度回答）です。たとえば5件法（5段階による回答）では、「あてはまらない」「あまりあてはまらない」「どちらとも言えない」「ややあてはまる」「あてはまる」の中から、最も近いものを一つ選んでもらいます。データ入力では、この順番に1、2、3、4、5の数値を割り当てます。数値は回答が肯定的なほど高くなるようにするとわかりやすく、混乱しません。

評定回答の選択肢を作る際、段階をいくつにするかで迷うかもしれません。奇数の場合、「どちらとも言えない」（中間回答）が含まれます。「場合による」「質問内容に詳しくない」「質問に違和感がある」と、中間回答を選ぶ背景はさまざまです。それを排除するのであれば、中間回答は設けず、たとえば「あてはまらない」「あまりあてはまらない」「ややあてはまる」「あてはまる」の4件法にします。中間回答の存在は「わからなくてもいい」というメッセージでもあり、難しい質問でも答えてもらえそうです。中間回答を設けるか否かは質問内容との関係で決めます。

研究のための調査では、回答者の特徴（個人差）を引き出すことが最優先です。実態調査であれば全員が同じ回答をしてもかまわないでしょう。それが実態だからです。しかし研究のための調査ではそうはいきません。回答がばらつかないと困ります。分散がゼロでは統計分析もままなりません。ある特定の選択肢に回答が集中しないように設計します。たとえば肯定的回答に集中しそうな場合は、その方向の選択肢を細分化し、「あてはまらない」「どちらかと言えばあてはまる」「あてはまる」「とてもよくあてはまる」とラベルを非対称にします。ラベルはそのままで質問文の表現を変える方法もあります。対応策は質問文と回答形式のセットで検討しましょう。

【読書案内】

- 山田一成 (2010)『聞き方の技術：リサーチのための調査票作成ガイド』日本経済新聞出版社

選択式回答とデータ処理

選択式回答は、単一回答、複数回答、評定回答に分かれます。回答形式は、その後のデータ処理を左右しますので、分析方針を確認した上で決めます。

★ 単一回答

複数の選択肢から一つだけ選んでもらう回答形式です。

例：あなたがふだん利用する××は次のうちどれですか。最もよくあてはまるもの一つに○をつけてください。

1 ○○　2 △△　3 □□　4 ▽▽　5 その他（　　）

回答者を分類するための設問であれば、選択肢は二つか三つにとどめます。「その他」もはずします。それだけに選択肢の作成には念を入れましょう。選択肢が四つになりそうなときは設問を二つに分ける方法もあります。二者択一の設問を二つ作り、それらの回答をクロスして4分類を構成する方法です。

単一回答の分析は度数分布を基本にし、代表値には最頻値を用います。

★ 複数回答

選択肢から当てはまるものをいくつでも選んでもらう回答形式です。

例：あなたがふだん利用する××は次のどれですか。あてはまるものすべてに○をつけてください。

1 ○○　2 △△　3 □□　4 ▽▽　5 その他（　　）

回答は度数分布で確かめましょう。代表値には最頻値を用います。

この設問が一つの概念に関する質問であれば、○の数が意味を持ちます。××にSNSが入り、選択肢がSNSの各サービス（例：TwitterやLINE）としましょう。○の個数が多いほど、その人はいろいろなSNSを利用していることになり、レパートリーが広いことを示します。SNSの利用パターンを見たければ、0-1型データ（○の付いた選択肢に1、付かなかった選択肢に0を割り当てたデータ）用の分析手法、たとえば対応分析やクラスター分析を用います。

Twitterを利用する人はInstagramも利用するといったSNSの利用パターンが導き出されます。

★ 評定回答

あてはまる程度を段階で答えてもらう形式です。

例：あなたは以下の4つをどの程度利用しますか。それぞれあてはまる数を○で囲んでください。

	まったく 利用しない	ほとんど 利用しない	ときどき 利用する	よく 利用する
1 ○○	1	2	3	4
2 △△	1	2	3	4
3 □□	1	2	3	4
4 ▽▽	1	2	3	4

評定回答では、段階数、数字に添えるラベル（形容語）を検討します。

データ分析では度数分布、基本統計量（平均、標準偏差、中央値、最小値、最大値）を求めます。

★ そのほかの回答形式

以上のほかに、順位回答があります。たとえば、こんな形式です。

例：あなたがふだん利用する××は次のどれですか。よく利用する順に、カッコ内に1から4の順位を記入してください。

（　）○○　（　）△△　（　）□□　（　）▽▽

順位回答は選択肢と順位のクロス表で整理します。順位回答の処理法は内田(2012)が参考になります。

1位に4、2位に3、3位に2、4位に1と、順位と逆の数値で重み付けて集計する例を見かけます。重み付けの数値に根拠はありませんので、あまり勧められません。順位回答を生かした処理法は限られ、他の回答形式でも聞けそうであれば、そちらを利用するのがいいと思います。

ワーディングのポイント

設問、とりわけ質問文における言葉づかいを「ワーディング」と言います。日常用語の「言葉づかい」と区別するためです。

同じことを聞くのでも表現次第で返ってくる内容は異なります。それはふだんのコミュニケーションでも経験していると思います。調査者の意図が伝わりやすいワーディング、回答者の理解しやすいワーディング、その条件を考えてみましょう。

★ 肯定表現を基本にする

こんな文章を考えてみましょう。「あなたは今朝、朝食を取りませんでしたか」。「取りません」だけ見ると否定表現です。しかし「でしたか」と続くと、否定か肯定か即座に判断できません。「はい」の回答には、朝食を「取った人」と「取らなかった人」の両方が含まれそうな予感がします。この質問を「あなたは今朝、朝食を取りましたか」と肯定表現に変えると、文意が明確になり、「はい」は朝食を取った人だけになるはずです。

最近の風潮なのでしょう。研究用の質問紙でも尊敬語を目にする機会が増えました。

「あなたは今朝、朝食を召し上がりましたか」。この聞き方には、朝食は取るのが望ましいというニュアンスがただよいます。そう思うのは私だけでしょうか。尊敬語は動作主が主体で、その人を敬うときに用います。敬われて悪い気がしない人はいないでしょう。敬われると人はいい気持ちになります。尊敬語で聞かれ、気分が高揚すると、その状態を維持しようとして、朝食を取らなかった人も「はい」と答えてしまうかもしれません。尊敬語での質問は「社会的望ましさ」に沿った回答を増やす効果がありそうです。

質問文では、肯定表現、そして丁寧語（ですます調）というシンプル表現を基本にしましょう。

★ 回答者全員が共通理解に達する表現をめざす

「日本人」のような大きな言葉は、人によって思い浮かべる内容が異なります。「日本人」の条件として日本国籍の保有をあげる人もいれば、日本生まれをあげる人もいます。

社会学者の安田三郎が社会調査の授業でこんな実験をしました（安田, 1966）。50人の学生に「音楽番組が増える傾向にありますが、あなたはこういった傾向に賛成しますか」と聞きました。結果は「賛成」32人、「反対」18人。つづいて、回答の際「音楽番組」としてどのようなものを考えたか、自由記述で書いてもらいました。すると、「賛成」と答えた人の中で最も多かったのは「オペラ、クラシック」の18人（32人中56%）でした。それに対し、「反対」と答えた人の中で最も多かったのは「歌謡曲」の11人（18人中61%）でした。音楽番組に対する態度は、想定した音楽ジャンルで異なっていたのです。「音楽番組」も大きな言葉です。大きな言葉にはあいまいさが伴い、言葉の解釈にばらつきが生じます。

この授業で、学生たちからあいまいだと判定された言葉は「自衛権」「民主国家」「日本の利益」「学費」「教養記事」「性の解放」「中間階級」「政治活動」「〔異性との〕交際」「デート」「よく（勉強する）」「知識人」「一流大学」でした。確かに大きな言葉が並んでいます。

程度の差こそあれ、言葉とはあいまいなものです。ですから、厳密さを求めるあまり、表現が窮屈になり、身動きが取れなくなったら元も子もありません。安田（1966）が指摘するように、音楽番組の質問も「直ちにナンセンスだということにはならない。われわれがこの実験作業によって警告しているのは、相手がそれぞれ違った内容を内包させながら同一の言葉で表現するために、適切な言葉を用いたときとは異なった回答をする危険なのである」。この例であれば、音楽番組への賛否を総論で語ることの危険性とも言えます。

専門用語や業界用語、流行語のようなジャーゴン、概念のような抽象的な言葉も要注意です。誰もが知っているとは限らないからです。回答者が言葉の意味を理解しないまま答えたとしても、まちがった理解で答えたとしても、調査者は知りようがありません。気がかりな言葉があるときは、プリテストで理解の程度を確認するようにしましょう。

設問の配列

設問や選択肢それ自体は同じでも、並び順によって回答が左右されることがあります。「順序効果」として知られる現象です。たとえば、「後ろに行くほど『いい加減な回答』や『無回答』が増える」ことが知られています（山田，2010）。回答疲れや飽きによるものです。しかし、設問も選択肢もある順番で並べるしかありません。回答者がそれらを順番に読んでいく以上、順序効果は避けられません。ただし小さくすることはできます。各種の順序効果の背景と対策を考えてみましょう。

★ 設問とキャリーオーバー効果

設問が複数あるとき、ある設問に対する回答は、その前までの設問に影響される可能性があります。これをキャリーオーバー（繰り越し）効果と言います。この効果を考慮すると、次のようなくふうが望まれます（森・吉田，1990）。

・目的との関連で重要な設問はなるべく最初のほうに置く。

・被説明変数に関する設問は、説明変数の設問の前に置く。

・回答への動機づけを下げるおそれのある設問（プライバシーにかかわる設問）は最後のほうに置く。

キャリーオーバー効果は、それほど大きくないとの報告（安田，1966）もあり、これらのくふうで十分でしょう。

★ 回答項目と初頭効果

人には最初のほうに出てくる項目を選びがちな特徴があります。心理学の授業で一度は耳にしたことがあるはずの「初頭効果」です。

質問紙調査における初頭効果を調べた研究があります。設問は「最も好ましい子ども」像を13特性の中から三つ選んでもらうというものです（Krosnick & Alwin, 1987）。調査では、特性項目の配列順を異にした2種類の質問紙（仮にA、Bとします）が用意されました。質問紙Aは「行儀正しい」が先頭で、「成功に向けてがんばる」「正直である」と続き、「学業優秀である」で終わります。質問紙Bは順番が逆、先頭は「学業優秀である」で、最後が「行儀正しい」です。

調査の結果、AでもBでも先頭の3項目は他の項目より高い割合で選ばれていました。「行儀正しい」は質問紙Aでは26.4%だったのに対し、質問紙Bでは10.1%と、16.3ポイントの差が見られました。それに対し、中央付近の項目には有意な差が見られません。ちょうど真ん中の「男の子らしくあるいは女の子らしくふるまう」は、質問紙Aでは3.1%、質問紙Bでは2.7%と0.4ポイントの差にとどまりました。初頭効果は、10種類の洗剤リストを用いた別の調査（平松, 2011）でも報告されています。

初頭効果は項目の順序がもたらす効果です。したがって、回答者ごとで配列順序を変えれば排除できます。順序の異なる質問紙を何通りも用意するのは紙の調査では現実的ではありませんが、オンライン調査であれば容易です。それを試すのもいいですし、可能であれば項目数を減らします。

ある調査会社のサイトで初頭効果に関する説明資料を見かけました。そこには実例も紹介されていました。項目数は五つで、単一回答です。結果の表には初頭効果をうかがわせる数値が並んでいました。1番目ないし5番目の選択肢の選択率が高めなのです。ちょっと気になり、χ^2検定をしました（χはカイと読み、xとは別の字です)。すると案の定、有意ではありません。皮肉にも、5項目であれば初頭効果はあらわれないという結果だったのです。何項目まででであれば大丈夫なのか定かではありませんが、5項目と10項目の中間のどこかに分かれ目がありそうです。

項目は、ランダム配列が原則です。たとえば前半はポジティブな内容、後半はネガティブな内容と、項目の配列順に規則性があると、前の項目による影響が起きやすくなります。紙の質問紙であれば、項目が途中でページをまたぐことがないようにすることも大事です。

配列による影響は、卒業論文のテーマにしてもいいかもしれません。これらの順序効果は質問紙調査にかかわる人であれば、誰しも気になるからです。

【読書案内】

●平松貞実（2011）『事例でよむ社会調査入門：社会を見る眼を養う』新曜社

SD法を組み合わせる

★SD法とは

あるコンセプト（概念）の意味を形容詞対で評価してもらう方法を「SD法」と言います。みなさんも一度ぐらいは答えた経験があるのではないでしょうか。「明るい―暗い」「強い―弱い」「速い―遅い」といった形容詞対がいくつも並んでいて、それぞれが、そのコンセプトにどの程度あてはまるかを答えるものです。

SDは、Semantic Differentialの略語です。semanticは意味全般ではなく、情緒的意味（以下では「意味」とします）、かたやdifferentialは「差」です。一言で言えば、SD法とは情緒的意味の差を調べる方法。意味差判別法と訳されることもあります。

SD法は、アメリカの心理学者、オズグッド他（Osgood et al., 1957）によって開発されました。きっかけは、人間行動に及ぼす状況の重要性を、状況の「意味」で測ろうとしたことに始まります（斉藤, 1978）。

SD法の意義を、私が習ったときの例で説明しましょう。

牛と馬の意味を比較したくても、そのままではできません。しかし、体重のような共通のものさしがあれば話は別です。そこで考えられた物差しがSD法なのです。「好き―きらい」で見ると牛はどのあたり？　とたずね、あてはまる程度を答えてもらう。馬についても同様にたずねる。この聞き方であればコンセプトの比較が可能になります。

オズグッドたちは、「意味」は評価性、力量性、活動性、の3次元で構成されると考えました。測定に用いる形容詞対も、このどこかに含まれます。各次元の典型的な形容詞対は次のとおりです。

・評価性　「明るい―暗い」「温かい―冷たい」
・力量性　「強い―弱い」「広い―狭い」
・活動性　「速い―遅い」「激しい―穏やか」

SD法は7段階ないし5段階尺度でたずねます。具体的には、形容詞と形容詞の間に、「非常に」「かなり」「やや」「どちらともいえない」「やや」「かなり」「非常に」のラベルが入ります（5段階の場合は「かなり」をはずす）。回答は、それぞれに1から7の数値を割り当て、評定値として処理します。

個々の評定値はコンセプト、形容詞対尺度、評定者という3次元構造に位置付けられるため、どの次元に注目するかで分析法が異なります。

形容詞対尺度を縦に並べ、それぞれに評定値平均をプロットし、線で結ぶと、横折れ線グラフができます。これをセマンティック・プロフィールと言います。たとえば、評定者の属性別平均で折れ線を書き、全体をながめることで意味の属性間比較ができます。プロフィールの類似度は評定値平均の相関係数で求められます。意味の次元別に評定値の合計（ないし平均）を求めれば、次元レベルで比較できます。

SD法は形容詞対（両極尺度）を用いますが、単極尺度を用いる方法もあります。これであれば、反対語のない形容詞も使えます。

★ 設問の作成手順

(1)　比較方法の整理

コンセプト間の情緒的意味を比較するのか、それとも異なる人びとの情緒的意味を比較するのか、それを明確にします。

(2)　コンセプトの選定

コンセプトは個人差が見られそうなもの、回答者がよく知っていそうなものにします。言葉をコンセプトにするときは一義的なものにします。

(3)　形容詞対の選定

コンセプトにふさわしい形容詞を先行研究から収集します。たとえば、絵画の印象をSD法で調べた研究をレビューした長（ちょう）・原口 (2013) では、形容詞対が次元別に整理されていて役立ちます。形容詞は自由回答で集める方法もあります。形容詞対の数は、各次元3前後で揃えます。したがって合計で6ないし9が目安です。それにコンセプト固有の形容詞対を2、3項目加え、全体として8から12項目前後に収めます。多いと回答者の負担も増えるからです。

(4)　形容詞対の配列

冒頭に評価性次元の形容詞対を置かないようにします (岩下, 1983)。形容詞対は因子ごとにかためない、形容詞対の向きは適宜変え、同じニュアンスの形容詞が左側ないし右側でかたまらないようにする、といった工夫も必要です。

オンライン調査の質問紙

オンラインによる質問紙調査と、紙の質問紙調査とではいろいろと勝手が違います。紙の調査では同じものが対象者に手渡されますが、オンライン調査では、回答者の利用機器によって質問紙の見え方が異なります。それが回答に影響を及ぼす可能性は否定できません。

一般のオンライン調査では、大半の人がスマホで回答していることが知られています。その大半は縦向き状態での回答です。PC（パソコン）にくらべ、スマホ画面は表示できる文字量も少なく、スクリーンキーボードでタッチ数も増えます。以下はスマホ利用を前提としたオンライン調査の留意事項ですが、PCでの調査でも参考になると思います。

★回答時間か回答の進み具合を示す

紙の調査票は手にした時点で、何ページあるのかわかり、回答時間の見当がつきます。それに相当する情報はオンライン調査でも必要です。予想される回答時間を示すようにしましょう。「回答にかかる時間は約○分です」。

回答時間に関する調査によると、「回答してもよい」と思う時間として、PC回答者の45%、スマホ回答者の51%が「5分以内」を選んでいます（日本マーケティング・リサーチ協会, 2020）。ついで多かったのが「10分以内」で、それぞれ3割の人が選んでいました。トータルで考えれば、5分以内が一つの目安です。

回答に数分以上かかりそうな場合は、プログレスバーを設定し、回答の進み具合がわかるようにします。ゴールは見えたほうがいいに決まっているから。

★質問文を短くする

コンビニエンスストアの利用頻度を、質問文の長さを変えて調べた調査実験があります（日本マーケティング・リサーチ協会, 2020）。質問文は以下の3種類で、選択肢は「毎日5回以上」から「1年に1回くらい」までの12個です。

①従来型 「あなたはふだん、コンビニエンスストアをどれくらいの頻度で利用しますか。もっとも近いものをお選びください」

②短縮型 「コンビニをどれくらいの頻度で利用しますか」

③最短型 「コンビニの利用頻度」

この3種類で回答傾向が異なるか検討したのです。その結果は「回答傾向にはほとんど影響がない」というものでした。

別の質問結果からは質問文が長いほど、回答に困難を感じる人が多かったという結果も得られています。「回答しづらい」と答えた人が、最短型では7.4%だったのに対し、従来型では13.0%と倍近かったのです。短縮型は中間の9.6%でした。

質問文が長かったり選択肢が多かったりすると、設問が一部しか見えません。いま見えている選択肢がすべてと考えて回答する人、スクロールするのが面倒で、次画面を見ないまま答える人も出てきそうです。長さの観点から、質問文をチェックしましょう。選択肢も同様です。

★ 選択肢の数を減らす

日本マーケティング・リサーチ協会の調査では、回答意欲を損なう調査票の特徴についても聞いています。それによると、「選択肢の数が多すぎる」50.3%、「質問文が長すぎる」49.7%、「マトリクス設問が多い」37.1%、「自由回答設問が多い」34.3%という結果でした。半数の人が、多すぎる選択肢や長すぎる質問文に閉口しているようです。ただし、多すぎる、長すぎるの目安は不明です。

選択肢の数が多いと後半の選択肢が読み飛ばされる可能性もあります。選択肢を減らせない場合は、設問が2分割できないか考えてみましょう。選択肢の数が減れば、初頭効果も避けられます。

★ PC かスマホか

卒論でのオンライン調査はPCでの実施を基本にします。心理尺度やSD法のようなマトリクス型設問をスマホ画面に収めるのは大変です。どちらで実施するにしても、PCならPCだけ、スマホならスマホだけ、というように、回答手段を一つに限定します。回答手段は回答に影響を与える可能性があるからです。

インタビュー法を組み合わせる

質問紙調査でインタビュー法を使いたくなる場面が二つあります。質問紙作成のために行う「予備調査」と、事後に行う「追加調査」です。

★ 予備調査としてのインタビュー

予備調査としてのインタビューは、研究や質問紙調査のアイデアを得るために行うものです。研究テーマはうまく行きそうか、見落としていることはないか、と研究のあたりをつけるためのラフなインタビュー、新たに設問を作る際のヒントを得るためのインタビューです。大勢の人に聞くことで、得られる情報の幅も広がります。

★ 追加調査としてのインタビュー

質問紙の回答をながめていると、その回答者に話を聞いてみたくなることがあります。そのようなときに行うインタビューが追加調査としてのインタビューです（川浦, 2020）。質問紙調査は匿名が原則ですので、事後インタビューを予定しているのであれば、質問紙のおしまいに連絡先の記入欄を設けておきます。

インタビュー結果は、結果の考察でも役立ちます。質問紙調査の結果を補強する場合もあれば、調査の結果で見えなかったことが明らかになる場合もあるでしょう。インタビュー調査の分析では、設問を軸とした質問紙調査の分析に対し、個人が軸になるからです。

インタビュー結果は、傍証や事例として考察に盛り込む方法以外に、別建てにする方法もあります。質問紙調査を研究1とし、追加のインタビュー調査を研究2と位置付けるやり方です。反対に、予備調査としてのインタビューを研究1とし、質問紙調査を研究2とするやり方もあります。どちらの場合も、インタビュー調査の目的や結果で判断します。インタビュー内容は、とりわけ追加調査の場合、その逐語記録（川浦, 2019）を載せるようにしましょう。

分析計画を考える

リサーチ・クエスチョンが固まり、元にする先行研究も決まり、設問も完成したら、回答の分析計画を考えます。

分析計画の立案は設問間の関係を整理することから始まります。その際、独立変数、従属変数という枠組みを用いるとすっきりします。

独立変数は時間的に先行する要因です。性別や年齢のような回答者の人口統計学的属性は独立変数として扱います。何かの結果ではないからです。他方、従属変数は時間的に後から来る要因です。質問紙で言えば、研究テーマに関する設問が相当します。SNSの利用頻度は、その一例です。かたやSNS利用動機をたずねるとすれば、それは利用頻度に対しては独立変数、心理的傾向に対しては従属変数とみなすのが妥当でしょう。

心理尺度の設問は測定対象によって、独立変数と従属変数に分かれます。パーソナリティ特性のような「特性」を測る尺度は独立変数に、不安のような「状態」を測る尺度は従属変数に位置付けられます。

ここで注意しておきたいことがあります。それは、独立変数イコール原因、従属変数イコール結果ではないことです。SNSの利用頻度に性差が見られたとしても、両者の間に因果関係があるとは考えられません。両者の間に第3の要因をおけば、説明できるかもしれません。独立変数を説明変数、従属変数を被説明変数ないし目的変数と呼ぶ言い方は、関連や差を因果関係と思うなよという一種の警告です。

分析計画を検討すると、質問項目を見直す事態も出てくるでしょう。不要な項目が見つかる一方で、追加すべき項目が出てくる可能性もあります。

分析計画の検討に際しては、データの分析手法も一緒に考えておきましょう。統計手法と回答形式は密接に関係しているからです。たとえば因子分析を予定しているのであれば、回答形式は評定回答にするのがベターです。

Ⅳ 調査の実施

調査対象者の人数

質問紙調査では何人に聞けばいいのか、サンプルサイズと言うこともありますが、調査対象者の人数も検討します。その際、データ解析による制約も考慮する必要があります。

分析手法と必要なデータ数（人数）の関係について、田中（2006, 2021）から抜粋して紹介します。

（1） 度数の分析

データ数は50以上。2×2のクロス表であれば直接確率計算（フィッシャーの直接確率法）が適用できるので、データ数の制約はありません。

（2） 平均の差の分析

t検定や分散分析では、1平均あたりのデータ数は15以上、理想は20以上です。データ数がこれくらいあると、「データ分布の“山”の形」を見定めることができるからです。最小は2平均の比較ですので、1平均あたりのデータ数を同数とすれば、全体で40以上あることが理想です。2要因以上の分散分析では、1平均あたりのデータ数を揃えるようにしましょう。

（3） 相関の分析

データ数は50以上、理想は100以上です。因子分析のように相関行列を利用する多変量解析、回帰分析でも同様です。

因子分析に限れば、さらに項目数を考慮する必要があります。データ数は項目数の2倍以上いります。必要かつ十分なデータ数として、5倍をあげる研究者もいます。たとえば、10項目で因子分析とすると、データ数は50以上が望ましいと言えます。

以上を整理すると、分析手法に限れば最低で50人、理想は100人と言えそうです。実際の調査では集まった回答がすべて利用できるとは限りません。それを考慮すると、対象者数ベースでは、必要な人数プラス数人ないし1割を予定しておくと安全です。

コラム9　回答者がいてこその質問紙調査

『卒業論文の足跡』（慶應通信）の第一部「卒業論文作成の思い出」に質問紙調査を行った人の体験談が載っています。書き手は1993年3月に卒業した上野扶砂さん。卒論題目は「インフォームド・コンセントと終末期医療に対する考察」です。

テーマが決まり、資料収集も順調に進んでいたある日、指導教員から「資料を読むのはもう良いから、そろそろ書き始めてごらん」と言われます。そのとき「私の頭の中は膨大な資料で収拾がつかなくなっていた。と同時に、目の前にある多くの資料との間にどこか距離があるのを感じた。生のものというか本物に直に触れているという感覚ではなく、薄いフィルターを通して接しているという感じなのである」（上野, 1994）。そこで、思い立ったのが質問紙調査でした。

医療関係者以外の人も含める、性や年齢で偏らないようにするとの方針で選んだ233人から回答が得られたといいます。まずまずの数字です。返ってきた用紙からは回答者の気持ちが「振動」として伝わってきたそうです。「これは途中で投げ出すわけにはいかないという気持ちで一杯になった」。

調査にはこんな効用もありました。これまで読んできた資料が「私自身の調査結果を通して見ることができた」というのです。質問紙調査は先行研究の見方を変えるきっかけにもなりました。論文で言えば「考察」にあたる作業です。

「アンケート用紙の一枚一枚は、絵画や工芸品のように部屋を飾ることは無いけれども、私の心の宝物として大切にしまってある」。さらに（回答者も含め）「こうした方々の援助のお陰で私の論文は出来上がったと言える」と続けます。質問紙調査は、答えてくれる人がいるからこそ成り立つ研究方法です。答えてくれる人がいたという事実は、なによりも研究の励みです。研究者にとって「ありがたい」の一言に尽きます。

上野さんの経験はもう一つのことを教えてくれます。それは当初、予定になかった質問紙調査を組み込めるだけの時間的余裕があったことです。卒業論文、早めに始めるに越したことはありません。

オンライン調査サイト

質問紙調査はインターネット上でもできます。いわゆるオンライン調査です。質問紙を一斉に配布、その場で回答、というのが従来の典型的調査風景でした。しかし、今後はオンライン調査が主流になりそうです。

オンライン調査にはいろいろなメリットがあります。回答者の入力した内容は、そのままデータとしてファイルに保存されます。調査者はデータ入力の手間が省け、入力ミスもありません。回答漏れがあると先に進めないようにも設計できます。回答に応じた設問分岐（設問のスキップ）を組み込め、選択肢の提示順序をランダムにすることもできます。印刷して、配布する手間も省けます。ネットに接続してもらうだけで協力してもらえます。集合調査のように、対象者に一堂に集まってもらう必要もありません。

以下では、二つのオンライン調査システム、Googleフォームと REAS（リアス）を紹介します。どちらも無償で、スマホにも対応しています。

★ Google フォーム

https://forms.google.com

Googleフォームは Googleドライブの一機能として提供されています。マニュアルは同社の「Googleフォームの使い方」にありますが、「Googleフォーム」「アンケート」で検索すると、具体的な使い方や実践例を紹介した記事やサイトが多数ヒットします。心理学者による解説サイトもあります。心理学に即した内容で、例をまじえながら具体的に書かれています。

★ REAS

https://reas3.ouj.ac.jp

REASは Realtime Evaluation Assistance System（リアルタイム評価支援システム）の略です（芝﨑・近藤, 2008)。「パソコンや携帯電話で利用することを目的とした、調査・集計システムです。教育・研究用として、調査票を作成して多数の人を対象に、アンケート調査や簡単なテストなどを行うことができます」。回答ファイルが数値化されて出力される、SD法が使える、といったあたりはたいへん助かる特徴です。使い方は、サイト内の「利用の手引き」で詳しく説明されています。

REASは、放送大学教員による「完全なボランティア」ベースの運用システムです。利用規約には「本システムを利用して行った教育・研究活動を公表する場合、REASを利用したことを付記し、その旨をemail（メールアドレスは「お問い合わせ」をご覧下さい）にてお知らせいただけますようお願いいたします」とあります。お礼の気持ちも込めて使ったことを論文には明記しましょう。

★ オンライン調査の利用場面

オンライン調査はURLを知らせれば、どこからでも回答してもらえます。ときどき調査協力を求めるメッセージがSNSで流れます。しかし、不特定多数に答えてもらう方法ではどんな人が答えているかわかりません。答える側も同様です。卒論では、紙の代わりに使う程度にとどめ、紙の質問紙が配布可能な範囲で依頼するのがいいと思います。

授業の場を借りて実施するのであれば、その場で調査趣旨を説明し、質問を受けます。その上で調査協力を求め、URLを伝えます。回答者からは、どんな人が調査するのかわかりますし、授業の先生が了解していることも伝わります。その結果、調査に協力してくれる人も増えます。

オンライン調査には調査以外の用途もあります。自己観察（Rodriguez & Ryave, 2001）は一例です。ある日、学生から「パチンコを止めたい」と相談されました。とっさに浮かんだのがREASで収支記録を付けることでした。パチンコをしたら、そのつど携帯電話でREASにアクセスし、収支を入力するよう説明しました。1ヶ月して集計結果を確認すると、アルバイト代がすっかり消えています。学生はその場で「止めます」と宣言、パチンコと縁が切れました。時間と場所を問わないオンライン調査は行動記録法にも使えます。

【読書案内】

- Tourangeau, R., Conrad, F. G., & Couper, M. P. (2013) *The Science of Web Surveys.* Oxford University Press.（大隅 昇・鳰 真紀子・井田潤治・小野裕亮（訳）(2019)『ウェブ調査の科学：調査計画から分析まで』朝倉書店）

オンライン調査の手順

★ Googleフォームの場合

(1) Googleフォームの画面を開く

Googleフォーム（https://forms.google.com）にアクセスし、「新しいフォームを作成」から〈空白〉をクリックします。

(2) 質問紙タイトルと調査説明を入力する

〈無題のフォーム〉をクリック、そこに質問紙のタイトルを入力します。調査に関する対象者への説明は〈フォームの説明〉をクリックし、入力します。

(3) 設問を作成する

〈無題の質問〉をクリックし、そこに質問文を入力します。次に回答形式を指定します。デフォルトは単一回答の「ラジオボタン」です。複数回答であれば右の▼をクリックし、「チェックボックス」に変えます。次に〈オプション1〉をクリックし、1番目の選択肢を入力します。次の選択肢は〈選択肢を追加〉をクリックして入力します。必須回答の設定は、この画面の「必須」ボタンをクリックして、オン状態にします。

画面右の ⊕（質問を追加）をクリックして、次の設問を作成します。

(4) 質問紙のレイアウトを確認する

設問を入力し終えたら画面上部の ⋮ で〈プレビュー〉をクリックし、見栄えを確認します。設問の順番を変えるときは、直前の画面に戻り、移動させたい設問画面の上部にある ⠿ をクリックしたまま、移動先までドラッグします。

(5) 調査対象者に回答を依頼する

完成したら、画面右上の ⊳（送信）をクリックし、「フォームを送信」画面の送信方法で ⊖ を選びます。「リンク」先URLが表示されたら〈URLを短縮〉にチェックを入れ、〈コピー〉をクリックします。それを調査対象者に知らせます。

(6) 調査を終了する

フォーム画面上部で〈回答〉をクリックし、回答画面に切り替えます。「回答を受付中」のボタンをクリックすると、「回答を受け付けていません」に切り替わります。

★ REAS の場合

(1)　REASサイトを開く

REAS（https://reas3.ouj.ac.jp）にアクセスし、ログインします。「調査票作成」から「新規調査票」を選びます。

(2)　調査票タイトルと調査説明を入力する

「調査票タイトル作成」画面で、「調査票タイトル」に質問紙のタイトルを入力します。調査に関する説明を「コメント」に入力します。このコメントは調査票タイトルの下部に表示されます。

(3)　設問を作成する

「設問作成」から「新規設問」を選びます。次に回答形式（ラジオボタンなど）を指定します。「設問編集」画面で、Q（uest）に質問文を、A（nswer）に選択肢を、それぞれ入力します。

(4)　設問のレイアウトを確認する

画面の下にある〈プレビュー〉をクリックします。レイアウトを確認したら〈設問編集へ戻る〉をクリックします。次の設問作成は(3)から始めます。

(5)　調査票のレイアウトを確認する

設問が完成したら〈調査票プレビュー〉をクリックし、レイアウトを確認します。〈調査票編集に戻る〉をクリックすると、「設問一覧（調査票編集）」に戻ります。設問の順番を変更したいときは「表示順」の番号を変えます。たとえば25と入力すると、その設問は20番の設問と30番の設問の間に移動します。

(6)　設問の仕様、パスワード、調査期間を設定する

「必須」回答項目や「改頁」の設定は「調査票レイアウト設定」で行います。回答者用パスワードは、「基本情報設定」の「回答パスワード」で設定します。この画面に「回答画面のURL」が表示されます。回答受付期間を「公開情報設定」の「回答期間」で設定します。

(7)　調査対象者に回答を依頼する

調査対象者に「回答画面のURL」とパスワードを通知します。

オンライン調査の回答形式

Googleフォームと REASそれぞれの回答メニューと回答形式との対応関係を整理してみました（表1）。

基本的な回答メニューは単一回答用の「ラジオボタン」と、複数回答用の「チェックボックス」です。ラジオボタンの選択肢は、全選択肢を表示する方法と、回答欄をクリックして表示させる方法（メニュー表示：プルダウンメニューやポップアップメニュー）の2通りがあります。「メニュー表示」形式は選択肢の一覧性が低いため、初頭効果の働かない設問、たとえば年齢や出身地のような客観的に回答できるものにとどめるのが無難です。

表1　回答形式と回答メニュー

回答形式	Google フォーム	REAS
単一回答	ラジオボタン	ラジオボタン
単一回答（メニュー表示）	プルダウン	メニュー
複数回答	チェックボックス	チェックボックス
複数回答（メニュー表示）	—	リスト
順位回答	—	順位選択
行列形式の複数回答	チェックボックス（グリッド）	—
評定回答	選択式（グリッド）	段階評定（ラジオボタン）
評定回答（メニュー表示）	—	段階評定（メニュー）
SD 法（両極型）	均等目盛[a]	SD 法
自由回答（1 行）	記述式	自由記入（シングルライン）
自由回答（2 行以上）	段落	自由記入（マルチライン）
日付時刻（年月日、時分秒）	日付	—
時刻、経過時間（時分秒）	時刻	—

注：「—」は該当するメニューがないことを示す。[a] 尺度は数値のみで、程度を示すラベルは付けられない。

オンライン調査の回答データ

★ 回答のリアルタイム集計

Googleフォームでは〈回答〉をクリックし、〈概要〉をクリックすると設問毎の集計結果が、〈個別〉をクリックすると回答者毎の回答がそれぞれ表示されます。「回答」の右側の数値は回答件数です。

REASでは、「設問一覧」画面で「集計設定」の〈集計閲覧〉をクリックすると、回答者毎の回答が表示されます。〈回答者毎に閲覧〉をクリックし、「設問毎に閲覧」に切り替えると、設問毎の集計結果が表示されます。

★ 回答のダウンロード

(1)　Googleフォーム

「回答」画面右上の緑地に白十字の〈スプレッドシートの作成〉ボタンをクリックします。「新しいスプレッドシートを作成」の横の入力欄にファイル名を入力したら、〈作成〉ボタンをクリックします。すると画面下に〈開く〉があらわれますので、それをクリックすると、スプレッドシート画面に切り替わります。その画面で「ファイル」から「ダウンロード」を選び、ついで「Microsoft Excel（xlsx.)」を指定すると、PCに保存されます。

ファイル内容は選択肢の文言そのままですので（例、「はい」「いいえ」)、データ処理用に、数値に変換する必要があります。複数回答は、回答した選択肢が並んで一つのセルに入っています。数値化に手間取るかもしれません。

(2)　REAS

「集計設定」の〈ダウンロード〉をクリックします。設問リストが表示されたら、「全ての設問をダウンロードする」にチェックを入れます。その下の「元の値（や文言)」を「(置換した）番号」に変えます。〈ダウンロード〉をクリックすると、ダウンロードが始まります。

ファイル形式はCSVです。「元の値（や文言)」はデータ処理に不向きですので、「(置換した）番号」を指定します。

調査研究と倫理的配慮

質問紙調査による研究は、回答する人がいてくれるからこそ成り立ちます。調査者は回答者に調査目的を理解してもらわなければなりません。合わせて調査者には、同意を得るための一定の説明（インフォームド・コンセント）や、回答の秘匿といった倫理的配慮が求められます。

心理学の調査研究にかかわる倫理的配慮について、日本心理学会がガイドラインを設けています（日本心理学会, 2009）。第2章「研究と発表における倫理」の「調査研究」がそれです。全部で9項目あります。以下は、その抜粋です。独自の調査倫理を定める大学もあります。合わせて確認しましょう。

★ 規程趣旨

調査研究の方法は、調査の種類や内容、調査対象、それぞれの観点から配慮を要する。調査実施者は調査対象者の尊厳と人権を守り、調査対象者が不快な思いをしないように努める。

(1)　調査計画と内容の倫理性

調査研究にたずさわる者は調査計画の立案、内容構成、調査票作成にあたって、質問の内容や表現が、特定の立場や考え方を強調していないか、特定方向に回答を誘導していないか、慎重かつ厳密に検討する。

(2)　倫理委員会による承認

調査研究にたずさわる者は原則として、調査実施に先立ち、所属組織や調査先の倫理委員会などに調査計画を示し、承認を受ける。

(3)　調査対象者のプライバシーへの配慮と不利益の回避

調査研究にたずさわる者は調査の実施計画と調査の内容に関して、プライバシーへの配慮がなされているかどうか検討する。調査の実施によって調査対象者や関係者に不利益が予想されるときは調査を中止する。

(4)　調査対象者の選択と調査の依頼

調査対象者は研究目的に沿って適切に選択し、調査対象者には調査対象として選ばれた理由を説明する。調査依頼は、調査対象者が快く協力できるよう、ていねいに行い、回答は任意であることを伝える。

(5)　質問紙調査におけるインフォームド・コンセント

調査研究にたずさわる者は、調査対象者に対して、調査の目的や内容をできるだけ正確に説明し、調査実施の正当性について理解を得る。回答が無記名回答か記名回答かを調査票に明記し、記名回答を求める場合は、その理由や記名による不利益が生じないことを説明する。また各質問項目への回答は任意であることを事前に伝える。

(6)　調査責任者ないし調査実施者の明記

調査票には、調査責任者ないし調査実施者の氏名や所属組織、照会先を明記し、調査対象者やその関係者からの問い合わせに応じられるようにする。問い合わせには、正確かつていねいに対応する。

(7)　調査データの管理

得られたデータは、紛失や漏洩、取り違えを防ぐため、厳重に保管、管理する。調査データは本来の研究目的以外に使用しない。

(8)　調査結果の報告

調査研究にたずさわる者は、調査結果の報告を希望する調査対象者に対し、可能な範囲で知らせることをあらかじめ約束し、実行する。

(9)　調査対象者の個人情報の保護

調査で得られた個人情報は、調査対象者のプライバシー保護を優先し、調査対象者の所属先や関係者に漏れないよう、厳重に保管する。調査対象者の個人情報は研究上の必要性が消失次第、廃棄する。

★ 倫理的配慮の出発点

調査研究における倫理的配慮は多そうに見えるかもしれません。しかし倫理的配慮の出発点は単純です。それは調査者と回答者は対等であるという事実です。調査者は、もし自分が答える側だったらこの調査をどう思うかという視点で、調査全体をみてみましょう。調査依頼の仕方から設問の内容や言い回し、調査や研究の結果報告まででです。迷ったときは指導教員に相談しましょう。

【読書案内】

- ●鈴木淳子（2016）『質問紙デザインの技法 第2版』ナカニシヤ出版

コラム10　「ソツロン」はスマホ型

いま「卒論」は辞書にも載っている言葉です。「卒業論文の略」として、ふつうに使われています。しかし「卒論」という言葉は「卒業論文」と同時に生まれたわけではなかったようです。

民藝運動を起こした柳宗悦（1889 〜 1961）は大学時代、心理学を専攻しました。卒論を振り返った彼の文章が『私の卒業論文』（同文館）に収められていると知り、借り出しました。1956年の本です。中身は「東京大学学生新聞」に1953年春から始まった連載コラム、41名の文章が収録されています。

卒業論文は当時の学生にとっても一大事だったようです。連載は「とくに文学部の学生にとっては悩みの種である“卒業論文”作成の苦心談や手引きを与えてもらう」趣旨で始まった、と「あとがき」にあります。先頭から読み進めると、こんな証言が目に留まりました。

「よく近頃の大学生諸君が〈ソツロン〉というのを聞くと、何だか妙な気がする。われわれの時には、そんな略語はないし、たいていは〈論文〉で済ませていた。どっちでもいい話だが……」。

書き手は文藝春秋の社長をつとめた池島信平（1909 〜 1973）です。彼は1933年、「アングロ・サクソン遺言状の史的研究」で文学部を卒業しました。1925年に理学部を卒業した服部静夫（1902 〜 1970、執筆時は同学部長）も「卒論」という言葉にふれていました。

「学生用語では卒業論文のことを卒論というらしい。わたしの学生時代には、（略）卒論とはいわなかったような気がする。他のことばでも、あまり略称をつかわなかった時代で（以下、略）」。

ところで卒業論文と卒論の関係、スマートフォンとスマホの関係と似ていると思いませんか。この伝で行けば、携帯電話は「携電」となるはずなのに、なぜか「ケータイ」でした。略語のでき方にはいくつかパターンがあるようです。そう言えば、かつてスマホで卒論を書きあげた学生がいました。執筆は行き帰りの新幹線車内。ある程度書いたら、それをメールで自分に送っていたのです。「売れっ子作家みたいだね」と言うと、照れていました。

V 回答の分析

統計ソフトの利用

データ解析には統計ソフトを使いましょう。データ管理から計算まで、スムーズに作業できます。ここでは、無償で使え、定評のあるソフトを紹介します。ソフトの選択に当たっては、自分のしたいことができるか、具体的にはデータの編集機能（例、逆転項目の処理、合成変数の作成）や、解析手法の種類でチェックします。データファイルはソフトの種類にかかわらずスプレッドシートで作成します。

★ js-STAR XR

http://www.kisnet.or.jp/nappa/software/star/

STARという名称は、STatistical Analysis Rescuers（統計分析救護員）に由来します。Xはバージョン10のテン、そしてR言語との併用を意味する「×」です。作者は、田中敏さん（上越教育大学名誉教授）と中野博幸さん（上越教育大学教授）です。ブラウザ上で動作するため、タブレットでもスマホでも使えます。ダウンロード版も機能は同じです。

R言語と連携させると、計算結果から「結果の書き方」、結果に関する記述を出力してくれます。その記述を、空欄を埋めるようにして編集すれば、文章ができあがるしくみです(田中, 2021)。Rのインストールは、STAR内のメニュー「Rパッケージインストール」でできます。詳しくは中野（2020）や田中（2021）で確認してください。

STARの解析メニューは、「度数の分析」「t検定」「分散分析」「多変量解析」「ノンパラメトリック法」から構成されています。そのほか、複数の変数から有意な2×2表を自動抽出し、その結果を視覚表示する機能（自動集計検定2×2)、相関をダイアグラムで示す機能もあります（「基本統計量」の分散は標本分散です)。

ダウンロード版（http://www.kisnet.or.jp/nappa/software/star/info/download.htm）のほかに、機能を「度数の分析」に絞った「スマホ版」（http://www.kisnet.or.jp/nappa/software/star_mini/）とiOSアプリ版も出ています。

★ HAD

https://norimune.net/had/

Excel上で利用するソフトです。ExcelのバージョンはWindows版2010以降、Excel for Mac 2016以降、それぞれで動作確認がなされています。作者の清水裕士さん（関西学院大学教授）は、計算速度と動作安定性の観点からWindows版の使用を勧めます。

HADを起動したら、Excelの「マクロ機能を有効にする」をチェックします。HADのデータシートが表示され、使える状態になります。

主な解析メニューは、「データの要約」「差の検定」「変数の関連性」「回帰分析系」「因子分析系」（数量化分析＝コレスポンデンス分析を含む）、「クラスタ分析系」「構造方程式モデル」「マルチレベル分析」で構成されています。収録手法が豊富で、解析に不自由することはありません。英語や中国語に対応している点もありがたい特長です。

★ Black-Box

http://aoki2.si.gunma-u.ac.jp/BlackBox/BlackBox.html

青木繁伸さん（群馬大学名誉教授）作成のソフトです。「WWWでデータ解析」とうたうようにウェブ上で使用します。

ヒストグラム、散布図、基礎統計量、相関係数行列、クロス集計、分散分析、クラスター分析、重回帰分析、判別分析、主成分分析、因子分析、数量化理論が収録されています。手軽に使える「多機能WEB計算機」もあります（http://aoki2.si.gunma-u.ac.jp/calculator/）。ホームページ（http://aoki2.si.gunma-u.ac.jp）には、統計学の授業教材（基礎統計学／応用統計学）へのリンクが張られています。自学自習に最適です。

【読書案内】

- 小宮あすか・布井雅人（2018）『Excelで今すぐはじめる心理統計：簡単ツールHADで基本を身につける』講談社
- 中野博幸（2020）「js-STARの教科書」https://note.com/nappa7878/n/nac65b3ebfd1e

データ入力とスプレッドシート

回答は、スプレッドシート（ExcelやGoogleスプレッドシート）を使ってデータファイルにします。オンライン調査であれば、回答はそのままファイルとして保存されるので不要な手続きです。紙による調査を前提に、データファイルの作成手順を見ていきましょう。

★ データ入力の手順

データ入力にさきだって、質問紙に通し番号をふります。それをワークシート（スプレッドシートの入力画面）の第1列に入力します。列の第1行には、変数名を英数字で入力します。入力準備はこれで完了です。

ワークシートでは「行」に個人を、「列」に変数（項目）を割り当てます。つまり増減の可能性のあるものを「行」に、固定しているものを「列」に、割り当てます。個人は調査に回答する前から存在するので、行には独立変数に当たるもの、列には従属変数に当たるものを配置するとも言えます。

変数名は半角英文字で始め、2文字目以降は英数字や下線を用います（英字は小文字にします）。こうしておけば使用する統計ソフトに関係なく使えるデータファイルになります。変数名の文字数は8文字以内に収めると扱いが楽です。nenreiのような、日本語のローマ字表記による変数名も見かけますが、アルファベットにはageのような英語名が似合います。

欠損値は、一般に数値データではピリオドを入力、文字データでは空白のままにします。

複数回答の設問では、選択肢の数だけ列を用意します。たとえば問1が複数回答の設問で選択肢が5あるとしたら、変数名はq1_1、q1_2、……q1_6とし、○のついた（選ばれた）選択肢のセルに1を、○のつかなかった（選ばれなかった）選択肢のセルに0を、それぞれ入力します。

★ データファイル作成の原則

スプレッドシートでデータファイルを作成する際、何を考慮すべきか、ブローマンとウーのアドバイス（Broman & Woo, 2018）が参考になります。アドバイスは全部で12項目ありますが、すでに指摘したことがらや出番の少なさそうなことがらを省いて以下にかかげます。

(1)　入力ルールを決める

値、欠損値の書式、変数名を一貫したルールで揃えます。

(2)　変数名やファイル名はわかりやすい名前にする

(3)　一つのセルには一つのことしか入力しない

数値に単位はつけません。

(4)　データ辞書をつくる

列ラベル（A, B, Cなど）、変数名、変数の解説、測定単位など、データに関する情報をまとめたシートをつくります。

(5)　データの加工はコピーしたファイルで行う

加工は混乱のもとです。データファイルが完成したら読み込み専用に設定します。加工をする場合は、コピーしたファイルで行います。

(6)　フォント色やハイライトをデータに含めない

メモや強調の目的で使いたくなるかもしれませんが、これらの情報は処理中にしばしば抜け落ちます。フォント色やハイライトはプレーンテキスト・ファイルにも保存されません。

(7)　バックアップファイルを作る

定期的にバックアップを作り、各バージョンを保存します。Dropboxに保存すると、各バージョンを保存してくれるため、バックアップは不要です。

(8)　テキスト形式のファイルを保管する

オリジナルのデータファイルを、コンマないしタブで区切ったテキストファイルで保存します。通常はコンマ区切り（CSV形式）にします。

★データファイルの点検

入力ミスがないか確認します。別の人に回答を読み上げてもらいながら、画面でチェックするのがシンプルな方法です。ひとりでやるのであれば、別のシートにもう一度入力し、シート間で同一セルの減算をします。減算の結果が0であれば、入力ミスはなさそうです。

データチェックと単純集計

回答と入力データとの照合がすんだら、データの内容をチェックします。

★ データチェック

数値データは最小値と最大値でチェックします。それぞれの値は、スプレッドシートであれば関数のMINとMAXで求められます。どちらの値も取りうる値の範囲内におさまっているか確認します。言い換えれば、範囲内におさまっているミスは発見されないということでもあります。照合には念を入れましょう。

範囲を超える値が見つかったら、質問紙に戻って回答をチェックします。入力ミスであれば正しい値を、合っていれば欠損値（一般にはピリオド）を代入しておきます。

文字データは決まったチェック方法はありません。まずは一通り読んでみましょう。入力内容を把握するだけで十分です。表記のゆれや誤字脱字があると、修正したくなるかもしれませんが、それ自体も一つの情報として、この段階ではそのままにしておきます。

回答パターンも確認します。ワークシートで回答をながめ、同じ値が続いている箇所はないか、規則的に値が並んでいる箇所はないか見ます。そのようなケースは、基本的に、その人の回答を削除します。

これらのチェックが済んだら、MINやMAXの計算結果は削除し、つまりデータだけ残して、上書き保存します。

★ 欠損値の処理

回答忘れ、あるいはどれに○を付けたのか判然としないために確定できない回答は「欠損値」として扱います。欠損値は紙での調査ではときどき発生します。それらをどう扱うか、特に心理尺度のように、1項目でも欠損値があると尺度得点（スコア）を計算できないような設問では迷います。基本的には、その人のデータをまるごと削除し、分析対象からはずします。これを「リストワイズ削除」と言います。

回答者数に余裕がないとき、欠損値の件数が少ないときは、なんらかの値を代入して、処理を進めたくなります。そのようなときのために、代入値の決め方を見ておきましょう。

代入値の決め方は大きく2通りあります。項目レベルで決める方法と、個人レベルで決める方法です。前者は心理学の調査でよく用いられます。本人を除いて求めたその項目の平均や最頻値、尺度であれば中間値を代入する方法です。後者は、属性の似た人の回答を代入する方法、回答の似通った人の回答を代入する方法（欠損項目を抜いたクラスター分析を行い、距離の近い人の回答を代入する）、重回帰分析による推定値を代入する方法と、いくつかあります。いずれにしても手間のかかる作業です。どの方法を用いるかは欠損値の発生状況で見極めます。なお、欠損値処理をした場合は、その手続きを論文で明記します。

最も有効な欠損値対策は欠損値を生み出さないことです。オンライン調査であれば、原理的に欠損値は発生しません。紙での調査であれば、尺度値間を離して、○の位置を明確にするといった対策が考えられます。

欠損値の処理をすませたファイルが、以後の分析のベースです。誤って消去しないよう、安全な場所に保存します。

★ 単純集計

次に単純集計で回答の全体像を把握します。

単純集計の方法は変数の性格で異なります。量的変数は、基本統計量（平均、標準偏差、中央値、最小値、最大値）、および度数分布で概要を把握します。度数分布は、天井効果や床（フロア）効果の有無、分布のピークに注目します。質的変数は、度数分布と最頻値で概要を把握します。質的変数でも順序尺度レベルのデータは、基本統計量を出しておくと特徴がつかみやすくなります。

調査対象者がランダムサンプリングで選ばれていない限り、単純集計の結果は回答者の特徴記述にすぎません。つまり今回の回答者は、このような特徴を持つ人たちであるとの説明材料です。データの分析と解釈は2変数以上の組み合わせを基本に行います。

尺度回答の処理

心理尺度の回答は、得点（スコア）で検討します。個々の質問項目は、その尺度を測るための項目ですので、平均や標準偏差でデータの分布は確認しますが、分析対象ではありません。ときどき項目ごとに平均の差を検定するケースを見かけます。しかし、これは尺度の望むところではありません。

尺度得点は、単一尺度であれば合計で、下位尺度からなる尺度であれば、その尺度ごとの合計で求めます。なかには平均を使う尺度もあります。

★ 逆転項目の処理

心理尺度では逆転項目を含めることがあります。項目の表現が同じ方向で揃っていると、次の項目も同じような内容だろうと判断され、よく読まないまま回答する可能性が高まります。そこで、よく読んでもらえるように一部の項目を反対や否定の表現にします。これが逆転項目です。

たとえば自信の程度を測る心理尺度で見てみましょう。「難しい仕事に取り組むのは好きだ」「自分が立てた目標はたいてい成功する」といった項目が並ぶ中に置かれた「失敗して落ち込むことが多い」という項目は、さきの二つと反対方向の内容、つまり逆転項目です。

逆転項目を含む尺度では、得点を算出する際、その項目の回答の数値を反転させ、数値の方向を揃えます。5段階評定の4という回答は、それが逆転項目であれば、2に変換します。さきの例の「失敗して……」でたとえば4とした回答は2に変わり、その前の2項目と数値の方向が揃います。

反転処理は、以下の式で行います。

尺度の最小値＋尺度の最大値－回答の数値

上記の例にあてはめると、1＋5－4＝2となります。

変換はスプレッドシートや統計ソフトでできます。js-STAR XRでは「ユーティリティ」の中に「逆転項目処理」というメニューがあります。HADでは「変数の作成」の「数値変換」に「変数の逆転」という項目があります。

数値回答の処理

質問紙では、数値をたずねることもあります。たとえば、友人の数を答えてもらう場合です。その場合、数値を直接答えてもらう方法（自由回答）と選択肢の中から選んでもらう方法（選択式回答）の2通りがあります。

自由回答にはどんな数値にも対応できる利点があります。選択肢を検討する必要もありません。半面、紙の調査だと自由回答に共通する問題があります。友人数を聞かれて「10～15人」と書かれた日にはデータ化しようがありません。オンライン調査であれば、数値のみに設定できますので、理論的には避けられます。

選択式回答はどうでしょうか。同じ設問で、選択肢を三つ用意したとします。1.「5人以下」、2.「6人以上10人未満」、3.「10人以上」。いざ蓋を開けてみたら、「6人以上10人未満」に回答が集中していたとします。これでは回答者を弁別できません。選択式回答では、各選択肢がカバーする数値の範囲を検討する必要があります。既存の調査、あるいは予備調査で集めた自由回答を参考にすれば適切な選択肢を作れるはずです。

回答形式のいかんにかかわらず数値に関する回答は信憑性を欠くという意見があります。友人数を聞かれて正確に答えられる人がどのくらいいるのか、という疑念です。しかし、たとえ、そうであっても数値で答えてもらいたいときはあるものです。このような場合、回答をそのまま処理するのではなく相対化したら、どうでしょう。ひきつづき友人数で考えてみます。次のような集計結果が得られたとします。カッコ内は人数です。

1. 3人以下 (5)、2. 3人以上6人未満 (8)、3. 6人以上9人未満 (8)、4. 9人以上12人未満 (14)、5. 13人以上 (5)。計40人。

カテゴリー数は回答分布や回答者数にもよりますが、ここでは2カテゴリーで考えてみましょう。たとえば、選択肢1、2、3を選んだ21人に「low」、4、5を選んだ19人に「high」と、値を割り当てます。回答者全体における相対的位置に注目するのです。カテゴリー化は、人数が揃うようにするといいでしょう。自由回答による数値も同様にカテゴリー化します。「low」「high」もよし、中間を加えて「low」「mid」「high」とするもよし。

連関と相関でみる関係

社会心理学における質問紙データの分析では変数同士の関係を見ることが基本です。人の社会行動の構造を分析したいからです。

関係の分析方法は変数の性格で異なります。ここでは、質的変数同士、量的変数同士のケースについて見てみましょう。

★ 連関の分析：質的変数×質的変数

質的変数同士のケースは、クロス表（分割表）と連関係数で分析します。クロス表は、変数間に因果関係ないし時間的順序が見られる場合、行に独立変数（先行要因）、列に従属変数（後行要因）を置いて作ります。個々のセルには度数を入れます。連関の分析は度数（人数）で行うからです。

クロス表のようす（連関の有無）はχ^2検定で検討します。χ^2検定には、全度数が50以上、度数ゼロのセルがない、期待度数5未満のセルが全セル数の20%以内であるといった制約があります。これらを満たさないときは直接確率計算（2×2のクロス表）にするか、制約をクリアするようにカテゴリーを再構成します。

χ^2値が有意で、2×2より大きなクロス表では残差分析を行います。クロス表のどの箇所で有意差が見られたのかを検討する作業です。残差分析の結果と次にかかげる効果量は統計ソフトを使えばχ^2値と同時に出力されます。

χ^2値や直接確率が有意であれば、次に連関の強さを確認します。強さはクラメールの連関係数V、ないしコーエンのwで評価します。Vは最小値が0、最大値が1となることから、相関係数と同様に解釈できます。直感的にわかりやすいのが特徴です。Vを効果量として利用する場合は、.10を小さな効果、.30を中程度の効果、.50を大きな効果と評価します。wも同様に評価します。

χ^2検定と直接確率法の使い分けは、服部・山際（2019）を参考にして下さい。

★ 相関の分析：量的変数×量的変数

量的変数同士のケースは、散布図と相関係数、つまり視覚的検討と数値的検討で関係をみます。

散布図は、2変数間に因果関係（先行・後行関係）が見られる場合は縦軸

表2　相関係数 (r) の判断基準

$\|r\|$	判断
.20 未満	ほとんどない
.20 以上 .40 未満	弱い
.40 以上 .70 未満	中程度
.70 以上	強い

に従属変数を、横軸に独立変数をそれぞれ置きます。回帰直線を引く際、縦軸をy、横軸をxとするからです。散布図ができたら、それぞれの変数の平均で線を引きます。2本のクロスでできた4象限を基準にデータの散らばり具合をながめます。第1象限と第3象限、第2象限と第4象限といった対角位置の象限にデータが多いほど、相関係数は高くなります。

散布図の印象を要約した数値が相関係数です。一般に、相関係数はピアソンの積率相関係数を用います。直線関係の程度を示す指標です。相関の有無は無相関検定でチェックします。有意であれば、両者は無相関ではないと判断し、相関の程度を表2で判断します。単調な曲線関係が見られたときは、スピアマンの順位相関係数かケンドールの順位相関係数を用います

相関係数の判断は相関係数の二乗値（説明率）が元になっています。たとえば相関係数が .70のとき二乗値は.49、説明率は49%です。一方の変数のばらつきの49%がもう一方の変数によって説明されることを意味します。.70以上を「強い」相関と判断するのは（表2)、人間行動のようなあやふやな現象では半分も説明できれば十分だろうというわけです。したがって判断基準は適用分野で異なります。医療分野では、表2より厳しい判断基準が用いられるそうです。相関係数を効果量（関連の強さ）として用いる場合は、.10を小さな効果、.30を中程度の効果、.50を大きな効果と評価します。

相関の検討では散布図を優先し、その印象を要約・確認する方法として相関係数と効果量を用います。

相関の分析では偏相関係数を算出する場合もあります。相関係数が高くても、変数間に直接、関係があるとは限りません。その2変数に影響を与える第3の変数が考えられる場合には、その変数を固定した相関係数、偏相関係数を求めます。もし偏相関係数が低ければ、当初見られた高い相関は見かけの高さだったことになります。

【読書案内】

●島田めぐみ・野口裕之 (2021)『統計で転ばぬ先の杖』ひつじ書房

代表値比較でみる関係

質的変数と量的変数の関係を見る際の分析方法を紹介します。

★代表値の比較：質的変数×量的変数

質的変数と量的変数の関係は、質的変数のカテゴリー別代表値を比較することで検討します。確認は度数分布から始めます。度数分布図では質的変量のカテゴリー別に分布を描きます。平均は異なっても分布はたいてい重なるはずです（カテゴリー間の差よりもカテゴリー内の差のほうが大きい）。分布のピークが一つであれば、平均を代表値として使います。データ自体は正規形でなくても、本来そうなるはずと考えられる変数も平均を代表値とします。

二つの平均の比較には「対応のないt検定」を用います。手順を以下に示します（服部・山際, 2019)。

(1)　2群のデータ数が正確に等しい場合

t検定を使います。予備検定（等分散性の検定＝F検定）は不要です。

(2)　2群の人数比が1.5未満の場合

ウェルチの検定を使います。予備検定をする場合は有意水準を.20とし、有意でなければt検定、有意なときはウェルチの検定を使います。

(3)　2群の人数比が1.5以上、または選択に迷った場合

ウェルチの検定を使います。予備検定は不要です。

平均が三つ以上のときは一元配置分散分析を使います。

t検定や分散分析は母集団分布が正規分布に沿うことを前提にしていることから、パラメトリック検定と呼ばれます。パラメータ（平均と分散）で表せるデータ用の検定手法です。それに対し、ピークが複数ある、極端な外れ値が存在する、というようにパラメータで表せないデータには、ノンパラメトリック検定を用います。中央値の2群比較（実際には分布位置の比較）に用いるマン・ホイットニーの検定（U検定）は、その一例です。この検定は階級区間でできた度数分布表の2群比較で用います。

データ値の順位情報だけで行うノンパラメトリック検定にくらべると、データ値をそのまま用いるパラメトリック検定のほうが差の検出力は高くなります。データ分布がノンパラメトリックでも、t検定や分散分析が適用可能であれば、こちらを試してみましょう。

代表値比較では、差と同時に代表値そのものにも注目します。2群に差が見られても、両群とも代表値が全体に低かったり高かったりしたら、そのことにもふれるべきです。

★ 効果量の分析

t検定の効果量には、平均の差を利用するd族と、相関係数を利用するr族の2種類があります。

r族は絶対値で0から1という一定範囲内に収まるため、相関係数と同じように解釈できるのがメリットです。r族は、.10を小さな効果、.30を中程度の効果、.50を大きな効果と評価します。d族は、絶対値が0.20を小さな効果、0.50を中程度の効果、0.80を大きな効果と評価します。

一元配置分散分析の効果量の解釈では表3を用います。マン・ホイットニーのU検定ではr族を用います。判断基準は、.10が小さな効果、.30が中程度の効果、.50が大きな効果です。

効果量の計算機能は、js-STAR XRやHADに含まれています。効果量は「測定単位にたよらない指標」であることから、単位の異なる変数を用いた研究同士の比較にも使えます（芝・南風原, 1990）。先行研究の検討に有効です。t検定を例に取ると、d族は平均と標準偏差、データ数が2群で異なる場合はそれぞれのデータ数、r族はt値と自由度が入手できれば求められます。効果量だけ求める場合には、水本篤さん（関西大学教授）作成の計算シートが便利です(https://www.mizumot.com/stats/effectsize.xls)。

表3　一元配置分散分析における効果量の判断基準

指標	判断		
	小	中	大
η^2	.01	.06	.14
ω^2	.01	.09	.25
f	.10	.25	.40

複数回答の分析

複数選択で得られた回答の分析方法は複数あります。目的に合わせて使い分けましょう。次のような設問で考えてみます。

例：あなたが就職先を決めるにあたって特に重視する条件は何ですか。以下の項目であてはまるものに◯をつけてください（複数回答）。

1. 待遇　2. 職種　3. 安定性　4. 社風　5. その他（具体的に）
6. 就職しない

6は、1から5に◯がついていない場合、回答漏れなのか、それとも就職しないからなのか、その両者を区別するための選択肢です。

50人の回答をデータ化したのが図2です（架空データです）。セル内の「1」は◯がついたことを示します。

(1)　◯の個数をカウントし、重視する条件数で検討する

項目1から5までの値を合計することで◯の付いた項目数が求められます。この数値は就職で重視する条件の多さを示す指標として使えます。もし回答者をいくつかの群に分けられるのであれば、条件数の群間比較ができます。インターンシップ経験の有無による比較はその例です。

(2)　項目間の連関係数から、就職時の条件の構造を検討する

項目間の連関係数（ϕ（ファイ）係数）で有意になった項目同士を図示します（図3)。この図から重視する条件の構造が検討できます。待遇と職種、安定性と社風、それぞれの間に関連が見られたことから、それらは同時に重視されやすい条件と言えます。

(3)　インターンシップ経験と重視する条件とのクロス集計表から、両者の関係を検討する

表4のようなクロス集計表を作り、対応分析（コレスポンデンス分析）を適用します。その結果から、インターンシップ経験の有無と重視する条件との関係が視覚的に理解できます（図4)。同図からインターンシップ経験の「ある」群と安定性および社風、「ない」群と待遇および職種、それぞれの間に関連が見られます。「その他」は原点に位置することから、どちらの群にも同じぐら

い重視する人がいる条件と言えます。解釈が難しそうなときは「その他」を除いて計算します。この例では、行も列も少なく、表4（クロス集計表）から図4（スコアのプロット図）が推測できます。しかし行数や列数が増えると、クロス集計表だけで全体の特徴を把握するのは難しく、対応分析のプロット図が結果の理解を助けてくれます。

図２　複数回答のデータ例

回答者	待遇	職種	安定性	社風	その他	非就職
1	0	1	1	0	0	0
2	0	0	0	0	0	1
3	1	0	1	1	1	0
50	0	0	1	1	0	0

図３　重視する就職条件の構造（N＝50）

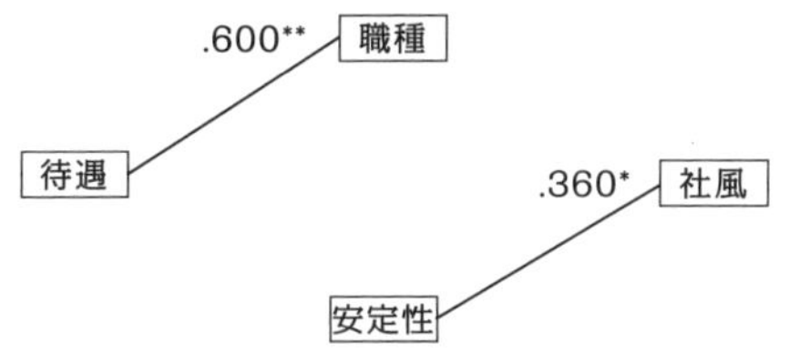

注：数値はϕ係数。$^{*}p < .05$、$^{**}p < .01$

表４　インターンシップ経験と重視する就職条件（複数回答）

インターンシップ経験 (N)	待遇	職種	安定性	社風	その他
ある (25)	5	7	18	20	2
ない (25)	20	18	7	5	2

図４　重視する就職条件の対応分析

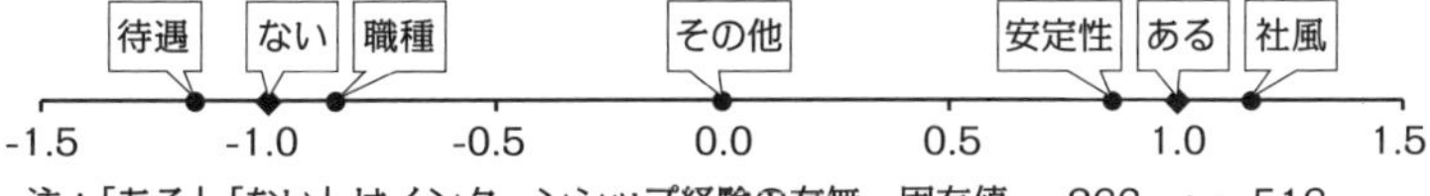

注：「ある」「ない」はインターンシップ経験の有無。固有値＝.266、r＝.516

評定回答のとりあつかい

内閣府が2019年に行った世論調査に「男女共同参画社会に関する世論調査」があります。調査方法は「調査員による個別面接聴取法」です。その世論調査の中に次のような設問があります。

「夫は外で働き、妻は家庭を守るべきである」という考え方について、あなたはどうお考えですか。この中から1つだけお答えください。

（ア）　賛成

（イ）　どちらかといえば賛成

（ウ）　どちらかといえば反対

（エ）　反対

下記は回答結果に関する説明文です（https://survey.gov-online.go.jp/r01/r01-danjo/2-2.html）。

> 夫は外で働き、妻は家庭を守るべきであるという考え方について、どう考えるか聞いたところ、「賛成」とする者の割合が35.0%（「賛成」7.5%＋「どちらかといえば賛成」27.5%)、「反対」とする者の割合が59.8%（「どちらかといえば反対」36.6%＋「反対」23.2%）となっている。

みなさんはどう思われましたか。私は、あるレポートを思い出しました。日本マーケティング・リサーチ協会（1981）の「回答バイアスの発生について」という報告です（平松, 2011)。そのレポートは、質問は同じでも回答方法を変えると結果も変わることを検証しています。

「目的実現のためには多少の犠牲をはらっても、そのために進みたい」という同じ質問に対して、2段階（2件法）から7段階（7件法）までの6通りで賛否を答えてもらいました。そのうち2件法と4件法の結果を表5に示します。「賛成」寄りの回答に注目すると、2件法では47%と半数以下であるのに対し、4件法では58%と過半数です。この結果について、同レポートは「『やや……』というワーディングを入れると肯定回答がふえる」と考察します。肯定回答を増やしたいときは、4件法でたずねることを勧めるようにも読めます。

表5　同一質問における2件法と4件法の比較

2件法	%		%
そう思う	47	→ 賛成	47
そう思わない	53		
4件法	**%**		**%**
そう思う	16	→ 賛成	58
ややそう思う	42	→ 賛成	
ややそう思わない	21		
そう思わない	21		

注：日本マーケティング・リサーチ協会（1981）を再構成。

4件法で肯定回答が増えた背景には「イエス・テンデンシー」——否定的回答よりも肯定的回答のほうが選ばれやすい傾向——があります。イエス・テンデンシーの理由としては「ノーの心理的重さ」「回答を早く終わらせるため」「質問者を立てるため」の3点が知られています（山田, 2010）。

「ややそう思う」という「やや」にもイエス・テンデンシーを引き出す効果があります。「ややそう思わない」は浮動票です。その一部が「ややそう思う」に流れ、かたや「そう思わない」は2段階に分化、その一部を「ややそう思わない」が吸収したように見えます。ましてや内閣府の調査は訪問面接です。調査員を前にすれば、自ずとイエス・テンデンシーは高まるでしょう。

「賛成」「反対」の2種類で結果を整理するのなら、最初から二択で聞くべきです。4件法で聞いたのなら、もとの選択肢に忠実に「賛成」7.5%と書く（あるいは、賛成〜反対に4〜1の値を与えて求めた平均で書く）のが筋です。実は、4件法、あるいは中間を加えた5件法でたずねた調査で、こうした2件法的集約は珍しくなく、むしろ一般的かもしれません。

数字は一人歩きします。2019年の調査に関する新聞記事は見つからなかったので、2012年の調査結果の紹介記事を見てみましょう。以下は、ある新聞の社説からの抜粋ですが、他紙も同様に合算値による記述です。

「夫は外で働き、妻は家庭を守るべきだ。古くさい考えだと思われる向きもあるだろうが、内閣府の世論調査では、賛成が51.6%、反対が45.1%だった」。

この記事を読んだ人は、おそらく賛成か反対かの二者択一でたずねた結果と思うでしょう。もちろん、この年の調査も4件法です。51.6%の内訳は「賛成」12.9%、「どちらかといえば賛成」38.7%。水増しと言われても仕方がないと思います。ついでながら、「夫は外で働き……」は二つのことを同時にたずねるダブルバーレル型質問、よくない質問の典型です。

記述型回答の分析

質問紙調査で自由記述による回答、すなわち記述型回答を扱う場面は三つあります。予備調査での回答、「その他」を選んだ人に求める追加回答、もともと自由回答で答えてもらう設問、の三つです。

★ 予備調査と「その他」

既存の調査に適切な設問がない場合、ゼロから項目や選択肢を作ります。その材料集めとして行う調査（予備調査）は、必然的に回答は自由記述です。質問紙で大勢の人に聞くのもいいですし、インタビューで聞くのもいいと思います。集まった回答は似たもの同士に分類し、それぞれに名前を付けます。理由をたずねる設問であれば、「〜だから」で終わるような表現にすると、あとの作業が楽です。

自由記述を扱う二つめの場面は本調査の中です。回答選択肢に「その他」を含める場合、その内容を追加で答えてもらうことがあります。回答者は「その他」と思っていても、書かれた内容を読むと、ほかの選択肢に当てはまる場合もあります。それらは、その選択肢を選んだものとして処理します。

★ 内容分析とテキストマイニング

三つめの場面は、設問そのものが自由記述での回答を求める状況です。この分析方法は2種類に分かれます。

一つめは書かれている「内容」の分析で、「内容分析」です。多くは内容の分類（アフターコーディング）でしょう。

アフターコーディングでは分析視点が重要な役割をはたします。記述は「同一」でも、分析視点によって内容の解釈が変わるからです。

「最近あなたはどんなことで困っていますか」とたずね、自由に書いてもらったとしましょう。たとえば「近所の人のゴミ出しがいい加減で、ゴミが散らかる」という回答は「近隣問題」に、「残業で帰りが遅く、夕食がいっしょに取れない」という回答は「家族問題」に、それぞれ分類できそうです。しかし、前者は「生活関連」、後者は「労働関連」という分類もできます。記述内容のどの側面に注目するかは、集まった回答にも依存しますが、基本的には分析視点にかかっています。

分析視点を共有しても、回答の解釈は一通りとは限りません。分類作業は複数で、最低でも2名で行いましょう。なお体系的な内容分析としては、川喜田二郎のKJ法が使えます。

二つめは「記述」をそのまま分析する「テキストマイニング」です。この言葉にはテキストを採掘するという意味があります。テキストマイニングでは、語句や文章といったテキストを、そのまま分析するため、解釈という作業が介在しません。

テキストマイニングにはコンピュータプログラムを用います。テキストから単語や文節（形態素）を切り出し、次に、形態素をデータとして分析します。具体的には、語の出現頻度や語同士の関連を調べていきます。テキストマイニングを手軽に経験できるサイトがあります。ユーザーローカル社の「AIテキストマイニング」です (https://textmining.userlocal.jp)。心理学の世界では、樋口耕一さん（立命館大学教授）のKH Coderというフリーソフトが知られています (http://khcoder.net、樋口, 2020)。関連書籍も多数出ています。

テキストマイニングソフトにはいろいろな機能が付いていますが、なかでも語の出現頻度は簡単に得られ、その結果を見るだけでも発見はあります。

実際の分析では、事前作業として、表記の揺れや同義語の処理が入ります。そのため、原文に何度もあたることになり、そこでの印象が分析結果の解釈でも役立ちます。

テキストマイニングは、個人的には記述から伝わってくる印象を数量的表現で示したいときに用いるのが向いているように思います。同じデータをKJ法とKH Coderで分析した研究もこう結びます。「KJ法による分類の結果が、計量的な分析によっても確認された」(勝谷他, 2011)。

【読書案内】

- 樋口耕一・中村康則・周　景龍 (2022)『動かして学ぶ！　はじめてのテキストマイニング：フリー・ソフトウェアを用いた自由記述の計量テキスト分析』ナカニシヤ出版
- 川喜田二郎 (1970)『続・発想法：KJ法の展開と応用』中央公論新社

コラム11　黒板から生まれたスプレッドシート

ExcelやGoogleスプレッドシートは、スプレッドシートと呼ばれるジャンルのソフトです。かつては「表計算ソフト」とも呼ばれました。

スプレッドシートの第1号は、1979年にリリースされたVisiCalcです。Apple II向けのソフトでした。これがきっかけで、同機は売れ、パソコンはビジネスの道具へと姿を変えたのです。VisiCalcの開発経緯が1996年3月、NHK番組「新・電子立国」の第6回「時代を変えたパソコンソフト」で流れました。サブタイトルに「表計算とワープロの開発物語」とあるように、前半がVisiCalc編、後半が日本語ワープロソフト「一太郎」編でした。

当時、私はLotus 1-2-3という表計算ソフトを使っていました。1-2-3という名前はソフトの機能に由来します。①表計算、②グラフ作成、③データベースです。よく使ったのは①の表計算でした。そんなこともあり、元祖VisiCalcも電卓の拡張版ぐらいにしか思っていませんでした。ところが、その予想はみごとにはずれました。見かけこそ表(ひょう)ですが、実体はシミュレーションソフトだったのです。

かいつまんで紹介します。

VisiCalcを着想したのはダニエル・ブリックリンです。彼はMITで電子工学の学位を取り、プログラマーとして働いていました。そこでプログラマーの年齢限界説を知るや、経営者をめざすことを決め、1977年、ハーバード大学ビジネススクールに入学したのです。当時26歳でした。

番組では電卓を手にする学生たちの姿が流れました。授業では、金融モデルについて条件をいろいろ変えながら検討することが行われていました。いわばシミュレーションです。講師が黒板に数字を書いては消すようすを見ながら、彼は「電子」黒板を夢想しました。一部の数字を変えると、関係する数字も自動的に変わる黒板です。

番組はNHK出版で書籍化されました。書名は番組名と同じです。第6回放送は第3巻に収録されています。番組はネットでも見られるようです。「一太郎」の誕生秘話ともども、ぜひご覧ください。

スプレッドシートとワープロがなかったら、卒論は電卓と手書きですよ。

Ⅵ 論文の執筆

卒論の構成

質問紙調査を用いた卒業論文の構成を見ておきましょう。

★ 卒論の二つの顔

卒業論文には二つの顔があります。一つは科学論文という顔、もう一つは本という顔です。

卒論はまず科学論文としての条件を満たさなければなりません。すなわち、実証過程を整理して示すことです。そのためにはどのような構成が望まれるのでしょうか。

論文は研究テーマの背景や問題意識、先行研究のポイント、仮説（研究の命題＝研究結果の予測）やリサーチ・クエスチョン(RQ)から始めます。この箇所を一般に「問題」と言います。そのあと、仮説やRQをどのような方法で検証し、どのような結果が得られたのか、その結果と先行研究や仮説、RQとの検討結果——順番に「方法」「結果」「考察」——と続きます。「考察」の後半は、結論や課題で締め括り、研究に用いた文献のリスト(引用文献)を最後につけます。

卒論は、単体で提出するため、本としての体裁を整える必要もあります。論文は雑誌という媒体に載りますので、論文本体だけでかまいません。字数にも上限があります。しかし卒論は違います。最低でも、表紙、はしがき、もくじを加え、本としての要件を整えます。ボリュームもあるため、もくじも必要です。質問紙調査の場合は、引用文献のあとに、付録として質問紙と単純集計をつけます(図5)。単純集計を書き込んだ質問紙でもいいですし、別々でもいいです。表紙は、卒論が本である以上、欠かせません。

★ 卒論の体裁

ある社会心理学ゼミの卒業論文の枚数を調べた結果があります（三井, 1990)。手書き時代のデータです。それによると、400字詰め原稿用紙で平均111枚でした。本文（「問題」から「考察」まで）と引用文献を合わせた数値です。経験的に「一般論を言えば、質問紙調査の場合には80～120枚が卒論の目安」ともあります（三井, 1990)。1ページあたり1,200字で換算すると、27～40ページです。ワープロ使用を考慮すると、図表も小さくなるでしょうから、この2/3（18～26ページ）が目安と言えます。

ネットで調べると、ある心理学研究室は10～17ページと規定しています。要旨、本文、引用文献の合計です。さきの目安にくらべると小さい数値です。枚数規定がある場合はそれに従います。

第1章から「引用文献」までを仮に17ページとしたときの章別配分を試算してみました。それが表6です。1ページのレイアウトは40字×30行を想定しています。

紙で提出する場合は両面印刷がいいと思います。本らしくなり、紙も半分の枚数で済むからですが、大半の大学は片面指定かもしれません。

要旨は1ページで収まれば、裏面は白紙のままにしておきます。卒論本体とは別だからです。ページ番号は一般に「はしがき」から通しで付けます。「もくじ」までは小文字のローマ数字（i、ii、iiiなど）を指定する研究室や学科も見受けられます。指定といえば表紙の書式や用紙を定めているところもありますので、これもお忘れなく。

図5　卒業論文の体裁（例）

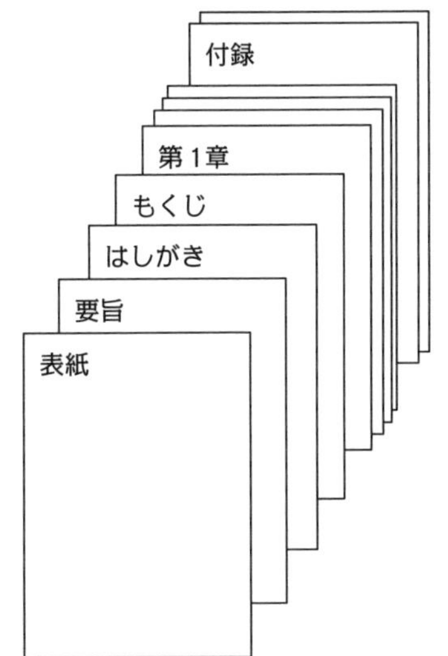

表6　卒業論文のページ配分例

	ページ数
要旨	1
はしがき	1
もくじ	1
第1章　問題	4
1. 問題	
2. 目的	
第2章　方法	2
1. 手続き	
2. 質問紙の構成	
第3章　結果	5
第4章　考察	4
引用文献	2
付録　質問紙と単純集計	4

タイトルの付け方

★ 卒論タイトルのはたらき

タイトルは論文の看板です。読者はタイトルを見て、読むかどうか判断します。限られた字数で、どう付けるか。書き手の腕の見せ所です。

よいタイトルは読者を惹きつけるだけではありません。タイトルを目にするたびに、この研究をするのは私なのだと研究者自身を鼓舞してくれます。よく見かけるタイトルに「○○に関する研究」や「××に関する一考察」「△△について」があります。しかし、これで意気があがるでしょうか。これらはいずれも落選候補です。卒論は言うまでもなく研究ですし、研究であれば考察するのは当たり前です。「について」は言わずもがなです。

タイトルは早めに考えておきましょう。最終的には、書き上げた時点で決めますが、それまでは肝に銘ずるためのプロジェクト名です。

論文タイトルは研究者でも難渋しています。そうそうたる社会心理学者56人が、注目されなかった自分の論文について真率に語った本があります。*Most underappreciated* という本です (Arkin, 2011)。その中に、論文タイトルで苦汁をなめたジョエル・クーパーの大学院生時代の経験談が収められています。彼は、有力学術誌に採択された共著論文について述懐します。「いま思うと、タイトルの検討にもっと時間をかけるべきだった。そうすればせめて10人は読んでくれただろう」(Cooper, 2011)。共著者との行き違いがあったのか、相手の考えた説明調のタイトルで掲載され、読者の関心を引かなかったようです。

卒業論文に限ると、タイトルには別のはたらきもあります。適切な専門用語が含まれていれば、それなりの勉強をしたようすが伝わってきますし、大雑把なタイトルは研究の浅さをうかがわせます。疑問形のタイトルには本人の問題意識が滲み出ます。タイトルは、このように卒論の出来栄えを示すバロメーターになっています。

★ いいタイトルのために

では、いいタイトルの付け方を考えてみましょう。目標は、研究の具体的イメージが浮かぶことです。その次に、文体をどうするか考えます。体言止めにするか、疑問形にするかは、その一例です。

論文タイトルの構成要素として、以下の三つがあげられます。

①研究テーマにかかわるキーワード（概念、理論、モデル、変数、現象）

②研究対象者（たとえば、大学生、高齢者、夫婦）

③方法論（たとえば、比較、変化、影響、効果）

タイトルに用いる語は本文でも使われているものにし、両者のつながりをよくします。

タイトルの書式にもふれておきましょう。日本心理学会のガイドラインには「論文題目の長さは40字を超えないことが望ましい」とあります。卒論でも、それが一つの目安です。同ガイドラインには「副題はできるだけ避ける」とも書かれていますが、副題を加えたくなる場合はあるでしょう。

副題は、論文主題のあとにコロン（：）を打ってから書きます。コロンの前後に置かれた字句は、「抽象：具体」「概念：事例」「広い：狭い」といった関係にあります。主題と副題もそれを念頭に考えます。日本社会心理学会の執筆要項には、論文題目の例として「身近な対人関係における自己呈示：望ましい自己イメージの呈示と自尊心および対人不安の関係」があげられています。主題と副題が「広い：狭い」という関係にあり、理想的なタイトルです。なおコロンは主題と同じ行に打つようにするといいでしょう。こうしておくと、副題があることが事前に伝わります。日本語論文では、副題を2倍ダッシュ（——）で始める書き方、あるいは、はさむ書き方も見かけます。その場合でも、コロンの働きを意識して付けるようにしましょう。

論文や書籍といった文献を読む際は、論文題目や書名にも注目するようにしましょう。引用文献リストはタイトルの宝庫です。いいと思ったものはメモすることを勧めます。英語文献についても同様です。英語タイトルに触発されたと思われる日本語タイトルはめずらしくありません。タイトルはどれも著者の思案の産物です。おおいに活用させていただきましょう。

【読書案内】

- Silvia, P. J. (2015) *Write It Up.* American Psychological Association.（高橋さきの（訳）(2016)『できる研究者の論文作成メソッド：書き上げるための実践ポイント』講談社）

「はしがき」の書き方

「はしがき」は卒論の頭に置く文章ですが、実際に書くのはたぶん最後の最後でしょう。論文が完成し、一息ついてから。完成した卒論を前にすると、これまでの日々がいろいろと思い出されるはずです。テーマの決定が遠い日のできごとのように感じられるかもしれません。論文読みや調査実施、データ分析、論文執筆も、終わってみれば、思い出になりつつあるのではないでしょうか。同時に、反省や後悔の念にかられることもありそうです。それらをすべて書けるスペースが「はしがき」です。「はしがき」は論文に書けなかったことを綴るページです。論文本体ではありませんから、何を書いても大丈夫です。

「はしがき」は必須ではありません。しかし、実際にはほとんどの学生が「はしがき」付きで提出します。論文と別に書きたいことがたくさんあったのでしょう。共通して書かれる内容は研究テーマの個人的動機です。これも論文にはなじみません。たとえば、こんな具合です。

「事実と思って、あるニュースをリツイートしました。ところが、あとからそれがフェイクニュースであることがわかり、あわててリツイートを削除しました。フェイクニュースとそうでないニュースとの見分け方や、フェイクとわかったあとの対応の仕方を知りたいと思いました」。

文章の形に注目すると、「ですます」調で書いてもかまわない文章、「私」を主語に「思いました」を述語で書ける文章、それが「はしがき」です。

調査回答者への謝辞を含める人もいます。卒論ファイルを送って読んでもらう予定なのでしょう。回答者のおかげで卒論が書けたわけですから、たとえ読まれないにしても、回答者への謝辞は読者としてもうれしい一言です。

親への献辞を書く学生もいます。卒論は大学生活の総決算ですから、卒業を目前に控えて、いろいろな思いが湧き上がったのでしょう。指導教員への謝辞を書く人も見かけますが、指導するのが仕事なのだからと嫌がる教員もいます。そのあたりは適当に判断してください。

「もくじ」の作り方

質問紙調査を用いた卒業論文の一般的「もくじ」を以下にかかげます(図6)。ページ番号はもちろん一例です。「もくじ」は「はしがき」がある場合、そのあとに置きますが、それでも「もくじ」に「はしがき」を含めます。「要旨」は卒論本体ではありませんので、原則としてもくじには含めません。

図6は卒論の中身を反映しない、味気ないもくじですが、第3章と第4章、つまり結果と考察の節(せつ)だてあたりがあなたの腕の見せ所でしょう。

図6 卒業論文のもくじ例

はしがき ………………………… 1
第1章 問題 ………………………… 5
1. 研究の背景 ………………………… 5
2. 目的 ………………………… 7
第2章 方法 ………………………… 9
1. 手続き ………………………… 9
2. 質問紙の構成 ………………………… 9
第3章 結果 ………………………… 11
1. ○○○ ………………………… 11
2. ○○○ ………………………… 14
第4章 考察 ………………………… 16
1. 結果のまとめ ………………………… 16
2. 結論と課題 ………………………… 19
引用文献 ………………………… 20

付録 質問紙と単純集計 ………………………… 22

「問題」の書き方

論文の冒頭です。内容は大きく三つに分かれます。一つは問題意識や研究テーマの背景、二つめは先行研究のレビュー、三つめは研究の目的です。実際に書く際はそれぞれに次のような中見出しを付けると、書きやすくかつ読みやすくなります――「研究の背景」「先行研究のレビュー」「研究の目的」。

★ 研究の背景

「問題」の最初の1行は論文の最初の1行です。読者の興味を引くことを優先した書き出しを考えましょう。具体例や身近なできごと、報道記事で始める、問いかけで始める、はその代表例です。もし個人的動機で書き始めたいのであれば、これらに置き換えるか、一般論で書き始めます。

「事実と思ってリツイートしたら、それがフェイクニュースであることがわかった。その苦い経験が研究を思い立った理由である」と書きたいとしましょう。そのような場合は、社会問題になったフェイクニュースの記事を紹介する、フェイクニュースの現状を調べて書く、あるいはそうした経験をしたことはないか問いかける。こうした書き方にすると、作文が論文らしくなります。個人的経験をそのまま書くのではなく、一歩離れて書くやり方です。

★ 先行研究のレビュー

研究動向を整理して書きます。整理の結果、どんな課題が残されているのかを明らかにします。この箇所、ハードルが高いと思ったら、有名な研究の振り返りでもいいと思います。流行に関する研究で、江利川（2007）は次のように先行研究をレビューします。研究テーマは流行の採用動機です（一部、表現を変えました）。

> 教科書や専門書で議論の流れを眺めると、流行研究の起源は「模倣説」を唱えた古典理論にあることがわかる（牧園, 1981）。19世紀末フランスの社会学者タルド（J. G. Tarde）は、模倣を人間の生得的・本能的行動と考えた。そして、人々が互いに模倣しあうような関係が社会現象の直接のきっ

かけだとした。

レビューは、そのあとジンメル（G. Simmel）の「両面価値説」、リースマン（D. Riesman）の「他人志向型性格」、さらに鈴木（1977）の5動機説と続きます。最後にレビューの結果を集約し、研究目的へとつなげていきます。

こうしたレビューから、先行研究では「他者が採用するから」という同調が注目されてきたと言える。（略）何だか流行というのは、そのモノ・コト自体の良し悪しに関係なく、ひたすら他者に追従する「大衆病理現象」のように思えてくる。しかし、本当にそうなのか。（略）冒頭の新聞記事に現れた声を見ても、同調以外の動機がありそうだ。そこで、流行現象の当事者である若者に、流行の採用動機や意識を直接たずねることにした。

こんな感じで、実際にはもう少し詳しく書いてください。努力目標は2～3ページです。

★ 研究の目的

研究テーマの意義、仮説ないしリサーチ・クエスチョン（RQ）、研究方法の概略を述べます。

研究テーマの意義は、先行研究をふまえて、さきの例で言えば、同調以外の採用動機が明らかになる、といったように書きます。さらに現代的意義にもふれると申し分ありません。先行研究が扱った時代と現代とでは情報環境が一変し、それが流行現象や採用動機に与えた影響は十分考えられるからです。仮説やリサーチ・クエスチョンは、それ単独で書くのではなく、先行研究を要約してから書くようにすると、流れがよくなります。読者の理解もはかどります。併せて調査対象者の選定事由にもふれましょう。

最後は研究方法の概略です。質問紙調査を利用したこと、調査対象者の概略、分析方針にふれます。これによって研究全体の見晴らしがよくなります。いわば地図のようなものです。

「方法」の書き方

「方法」は、論文のなかで最も具体的な内容のセクションです。事実を書くだけでいいので、書くほうも書きやすいはずです。質問紙調査による研究論文を参考にして書きましょう。

「方法」の目標は、これを読んだ人が同じ研究ができることです。質問紙調査を念頭におくと、どのような人たちを対象に、どのような方法でたずねたのか、その内容はどのようなものなのか、それらが読者に伝わるように書きます。

「方法」は、手続き、質問紙の構成、分析枠組みの三つの内容からなります。表記自体は、文脈に応じて適当に変えてください。回答者は調査対象者のほうがふさわしい場合もあるでしょうし、質問紙も調査票としたほうがしっくりくる場合もあるでしょう。

★ 手続き

調査手続きの基本事項を書きます。具体的には以下の内容を含めます。

(1) 回答者

回答者の人数や人口統計学的属性（年齢や性別、研究テーマにかかわる特徴)、選定方法を書きます。無効回答があった場合には、その事情と、有効回答数も書きます。サンプリング調査の場合は、回答者を調査対象者と読み替え、回収率にふれます。

(2) 調査の実施方法

紙による調査であれば、実施場所や回収方法、回答に要した時間を書きます。オンライン調査であれば、利用したサイトやサービス名を書きます。

(3) 調査時期

これも手続きの基本事項です。たとえば4月だと、回答者が学生の場合、新年度が始まってまもない時期の実施であることから、それが結果に影響を及ぼす可能性もあります。

★ 質問紙の構成

質問紙で用いた設問（質問項目）の概要を書きます。

心理尺度を用いた場合は名称を、あまり有名でなければ、概要も書きます。評定形式は必ず含めます。心理尺度に限らず、評定尺度を用いた設問では、各評定値に添えた形容詞を明記します。

たとえば、「それぞれの項目について、『あてはまらない』『あまりあてはまらない』『どちらとも言えない』『ややあてはまる』『あてはまる』の5件法で回答を求め、それぞれに1から5の数値を割り当てた」といった具合です。「あてはまらない」から「あてはまる」までの5件法でたずねた、というように、途中の形容詞を省略した記述も見かけますが、すべての段階をかかげるのが原則です。回答は数値に添えられたラベル（形容語）に影響されることが知られています。

設問の実際の内容（選択肢や項目）は、スペースに余裕がなく、あとの「結果」でかかげる表に含まれる場合は、それで代用してもかまいません。その場合、「方法」でその表を見るよう促します。

質問紙を用いた卒論では、本文のあとに「質問紙と単純集計」を付録でつけます。実際の文面はそこで確かめられますので、「方法」では、設問の文言をそのまま載せる必要はありません。もちろん、重要な内容は、付録を見なくてもわかるように書きます。記述のメインは本文だからです。

★ 分析枠組み

分析枠組みは、リサーチ・クエスチョンに対応させながら書きます。分析に用いた設問、適用した統計手法や検定方法、使用ソフト名を含めます。

分析枠組みは本来、質問紙の設計段階で考えますので、いつでも書けそうですが、実際に確定するのは調査が終わってからです。データによっては予定していた分析ができなくなる場合もありますし、反対に、データを眺めていて、予定していなかった分析を行う場合もあります。

「回答者」という言葉

質問紙調査に回答してくれた人を、心理学では「調査協力者」「研究協力者」と表現することがあります。ほかの言い方があるかもしれません。「回答者」以外の言い方が使われる背景には「被験者」をめぐる議論があります。

★ subjectとしての被験者

心理学実験では、実験される人をながらく「被験者」と呼んできました。subjectの訳です。subjectの中心義は「支配を受けるもの」です。人権意識の高まりがsubjectの本来の意味に関心を向けさせたのでしょう。結果として、subjectを使わないようになりました。

ノッティンガム・トレント大学のバニアードは、「被験者」論争について、こう書いています（Banyard, 1999)。

> 心理学研究で調査される人を表現するのに「被験者（subject）」と「参加者（participant）」のどちらを使うかについては議論がある。私の意見では、その人を参加者と表現するのが適切なのは、行われていることについて何か言い、そしてデータの所有権を有する場合である。実験室に連れて来られて何かされ、そして測定される場合には、その人を表現するのにもっとも適切な言葉はおそらく「被験者」である。

研究対象者となった人を、一律に「参加者」と呼ぶことへの批判です。日本の心理学研究でも、いまや被験者はほとんど見かけません。その代わりに使われているのが「実験参加者」や「研究参加者」です。日本心理学会（2009）は、倫理規程の冒頭で「研究対象者」という呼び方を推奨します。

> 「研究対象者」とは、それぞれの研究が対象とする者を指す。かつては「被験者」という呼び方が一般的であったが、英語圏では、「被験者」という言葉に対応する“subjects”が、主従関係を暗示するという理由で、現在は“participants”などと呼ぶことが多い。日本語の「被験者」にはそ

のような含みはなく、中立的な意味で使用されていると思われるが，本規程では、より客観的な印象を与える「研究対象者」という用語を用いることにした。ただし、それぞれの分野で一般的な呼び方が存在する場合はそれにしたがった。すなわち、実験研究では「実験参加者」とし，フィールド研究では「研究協力者」とした。

上記の引用には出てきませんが、「調査研究」の項では「調査対象者」という言葉が使われています。母集団的なものが存在する場合は、その人たちを調査対象者と呼び、そのうち回答した人たちを回答者と呼び、区別することもあります。

★ 質問紙調査の回答者

質問紙調査に応じてくれた人を英語ではrespondentsと呼びます。訳は「回答者」です。一般には、この言い方がいいと思います。「参加者」や「協力者」には調査の実施にかかわった人というニュアンスがあり、調査される側ではなくむしろ調査する側のようにも見え、曖昧です。調査に応じてくれた人を尊重するやり方としては、呼び方もさることながら、調査結果を報告する、謝礼を渡す、といった他の方法もあります。

「社会心理学研究」に掲載された論文を調べてみました。2019年度と2020年度に刊行された6号分です。分析対象は、そのうちの質問紙調査を用いた研究です。複数の呼称が用いられている論文もありますので、以下の数値は参考程度にとどめてください。分析の結果、最も多かったのは「回答者」で、7編中3編を占めました。以下「協力者」「調査回答者」「調査協力者」「調査対象者」が1編ずつです。一口に質問紙調査と言っても、実験的要素を含むものもあり、その場合には「協力者」が使われていました。

一般的な質問紙調査では「回答者」に落ち着くのではないでしょうか。

「結果」の書き方

★「結果」でふれることがら

「結果」は、前半と後半で内容が異なります。前半では各設問の基本統計量を示しながら、回答結果の概要を説明します。基本統計量は最低限、量的変数であれば平均（M）と標準偏差（SD）、質的変数であればカテゴリー別度数をそれぞれ示します。心理尺度は尺度得点（スコア）の平均と標準偏差を書きます。個々の項目については不要です。基本統計量を文章にするか図表にするかは場合によります。数値がたくさん並ぶ場合は表にしましょう。

「結果」の後半は、リサーチ・クエスチョン（RQ）の検証結果です。主な内容はクロス表、質的変数のカテゴリー別平均、そして統計分析の結果です。

結果の説明は文章を基本にし、図表を見なくても概要が伝わるようにします。主な結果、すなわちRQの検証にかかわる結果は図表を使いながら詳しくふれます。その際、「問題」や「方法」に戻らなくても理解できるように、必要なことがらは繰り返します。「結果」のセクションだけで完結するように書くのが理想です。検定結果の記述では、それらの数値が後景になるように書きます。検定量や有意水準はカッコ内に納めます。以下に例を示します。

「SNSの使用時間と学業時間との間には、負の相関が認められた（r (30) = -.52, p < .001）。相関係数の大きさから、両者の相関は中程度と言える」。

★ 図表の位置

図表は原則としてそのページの上に置きます。原稿が完成するまでは図表は言及箇所の近くに置いたままにし、文章が完成した時点でページ上部に移動させます。スペースの都合でそれができないときは、次ページ上部に送り、文章による説明のあとに図表がくるようにします。

【読書案内】

- 田中 敏（2006）『実践 心理データ解析［改訂版］』新曜社

図表の書式

図表の作り方は、先行研究で目にしたものを参考にするのが近道です。ただ図表の細かいルールは掲載雑誌で微妙にですが、異なりますので、どれか一つの雑誌に決めたら、その中の論文を参考にしましょう。それでも迷ったら日本心理学会の「執筆・投稿の手びき（2022年版）」(https://psych.or.jp/manual/) で確認します。

以下は、図表の望ましい書式です。

★ 作表の原則

・罫線は横線のみとし、縦線は用いない。
・横線は表の一番上と一番下に引く。
・横線は行の性格の変わり目で引く（例、見出し（項目名）と数値の間、個別項目と「計」との間）。
・縦線は空白列で代用する。
・列見出しや行見出しは簡潔にし、セルの中身と離れすぎないようにする。
・列見出しはセンタリングする。
・行見出しは左寄せにする。
・数値は数値のみとし、単位をつけない。単位は見出しの脇に書く。
・数値の桁位置、小数点以下の桁数は縦で揃える。
・強調したいセルの内容（数値や文字）は太字で示す。
・該当する数値が得られなかったセルにはハイフン　(-)　か、ダッシュ（—）を当て、そのことを「注」で説明する。

★ 作図（グラフ）の原則

・軸ラベルはセンタリングする。
・軸目盛は外向きにする。
・記号や線、パターンはモノクロの模様で区別し、カラーは用いない。地は無色とする。

作図・作表の考え方

実証論文に欠かせない図（Figure）と表（Table）、その作成の基本的考え方を見ていきましょう。なお本文やタイトル表記では、FigureとTableを使用するのがいいかもしれません。日本語中の英語は目立つため、図表の言及箇所をさがしやすい利点があります。

★ 表現物として自立させる

図表は、それを見ただけで内容が理解できるように作ります。そのために最も重要な情報がタイトルです。「Figure 1」「Table 1」につづけて、タイトルを付けます（図表番号は、1点しかなくてもふります）。

タイトルの原則は、簡潔に、ですが、短すぎても困ります。たとえば「クロス表」。これだけでは何のクロス表なのか、わかりません。「○○と△△とのクロス表」「○○と△△の関連」であれば、表の内容が見当つきます。

次に重要なのが数値単位や項目名、軸のラベルと目盛りです。10、20、30と数字だけでは、％なのか人数なのかわかりません。項目名や軸ラベルも必ず書きます。グラフでは凡例が相当します。軸目盛りは取りうる値に納めます。5件法の平均であれば、縦軸は最小値を1、最大値を5にします。

タイトルや図表に盛り込めなかった情報は「注」で補います。注は原則として、全体にかかわる内容、特定箇所に関する内容、有意水準の符号、の順で書きます。別の文献の図表を再構成した場合は、たとえば「田中（2018）を再構成した」というように、注で明記します。

読者の中には、本文は読まないで図表しか見ない人もいます。日本語の学術誌では、図表が英語で書かれている論文を見かけます。こうしておけば、日本語がわからない人にも見てもらえるからです。それぐらい、図表は重要です。卒論でもメインの結果は図や表にするといいと思います。研究全体の流れも図か表になっていると一目瞭然です。

★ 独立変数は行や横軸、従属変数は列や縦軸

表であれば、行に何を置き、列に何を置くか、グラフであれば、縦軸に何を

置き、横軸に何を置くか、迷うかもしれません。迷ったら、行ないし横軸に独立変数を、列ないし縦軸に従属変数を持ってくるようにしましょう。そうした関係にない場合や不明な場合は、どちらでもかまいません。表が横長で、1ページに収まらない場合、行と列を入れ替えても差し支えなければ、その方法で対処し、入れ替えられない場合は90度回転して載せます。

似たような図表が複数ある場合は、それらの間でスタイルを揃えます。ある表では行にあるものが別の表では列にある、といった作表は避けます。グラフであれば、比較しやすいように、軸目盛りを合わせます。

★表も図もタイトルは上

心理学の論文では、ながらく表タイトルは表の上、図タイトルは図の下と決まっていました。これはAPAスタイル（アメリカ心理学会の執筆要領）に沿ったルールです。表は箇条書きの延長ですから、上から下へと見ていきます。かたや図は、グラフを思い浮かべると気づくように、原点が左下にあり、下から上に見ていきます。最初に見る場所を考慮すると、表のタイトルは表の上、図タイトルは図の下と決まります。

ところが2019年の見直しで、APAのルールが変わりました。図も、タイトルは上に置くこととされたのです。これまでのルールは、ページをまるごと見ることができた時代、紙の時代の話です。紙が電子ファイルに変わり、モニター画面で見る現代では、1ページまるごと見る機会が減っています。タイトルが下にあると、画面を一度スクロールしないと確認できません。今回のルール変更は、その手間を省くためではないでしょうか。

2022年秋、日本社会心理学会も日本心理学会も機関誌の執筆要項を見直し、その中で図タイトルは図の上に置くように変わりました。卒論もこれに準拠するのがいいと思います。

【読書案内】

● APA Style Team (2020) Free access to the Publication Manual and other resources during the coronavirus pandemic. https://apastyle.apa.org/blog/coronavirus-response

図表の見本

★クロス表

出身地とくだものの好みの関係を見るために、両者の回答から、クロス表（表7）を作りました（数値は架空です、以下同様）。セルに入る数値は頻度が基本です。χ^2検定の結果が有意だったため（$\chi^2(2) = 10.7, p < .01$）、残差分析の結果を表に書き込みました。

表7　出身地とくだものの選好との関係

出身地	りんご	みかん	いちご	計
東日本	14▲	5▽	11	30
西日本	3▽	12▲	5	20
計	17	17	16	50

注：残差分析の結果、▲有意に多い、▽有意に少ない（$p < .05$）。

★属性別基本統計量

りんごに対する選好度（好みの程度）の基本統計量を出身地別で整理したのが表8です（Nはnumber、人数です）。分布によっては、中央値（Mdn）も載せます。要はデータの特徴を伝えることを重視します。表だけでは数値の意味がわかりませんので、「注」で選好度の説明をします。

表8　出身地別に見るりんご選好度の基本統計量

出身地	*N*	*M*	*SD*	min	max
東日本	30	4.37	0.82	2	5
西日本	20	3.75	0.91	1	4

注：選好度の範囲は1から5で、数値が高いほど選好度が高いことを示す。

★度数分布

度数分布は図と表の両方で表現できます。直感的にわかりやすいのは図（グラフ）です。他方、情報量を多くしたいときは表にします。出身地別の人数が異なりますので、表9では、%（相対度数）もかかげ、違いがわかるようにしました。「全体」の相対度数は100.0もありえますが、言わずもがなの数値

表9　出身地別に見るりんご選好度の度数分布

	東日本		西日本	
選好度	*N*	%	*N*	%
1	0	0.0	1	5.0
2	2	6.7	3	15.0
3	6	20.0	6	30.0
4	16	53.3	10	50.0
5	6	20.0	0	0.0
全体	30	60.0	20	40.0

注：選好度の範囲は1から5で、数値が高いほど選好度が高いことを示す。

ですので、出身地の相対度数にしてみました。

★ヒストグラム

連続変量の度数分布は一般にヒストグラムを用います。質問紙調査の場合、選択式回答でも内容が連続変量の階級であれば、効果的に使えます。

たとえば、1日あたりのネット利用時間を選択式回答でたずねたとしましょう。選択肢は次の五つです。「2時間未満」「2時間以上4時間未満」「4時間以上6時間未満」「6時間以上8時間未満」「8時間以上」。最後の選択肢だけ階級幅が異なります。それまでの四つは2時間刻みですが、最後だけ16時間です。それぞれの回答者数が10人、18人、14人、5人、8人だったとします。

これを棒グラフで示すと、尻上がりの分布です（図7）。またヒストグラムはどうでしょう（図8）。こちらは1極です。ヒストグラムでは度数が面積に反映されるため、こうした表現ができます。ヒストグラムの真骨頂です。階級幅の異なるヒストグラムをR言語で作図する場合、hist関数でbreaksの引数に階級の区切り値を直接入力します（馬場, 2019）。ちなみに図8は手作業で作りました。

図7　1日あたりのネット利用時間（*N*=55）

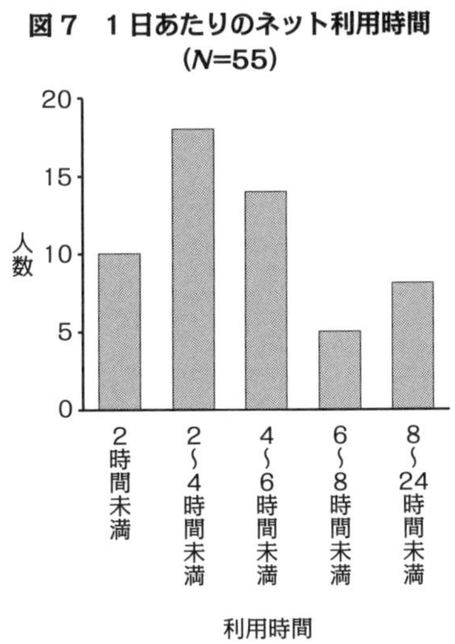

図8　1日あたりのネット利用時間（*N*=55）

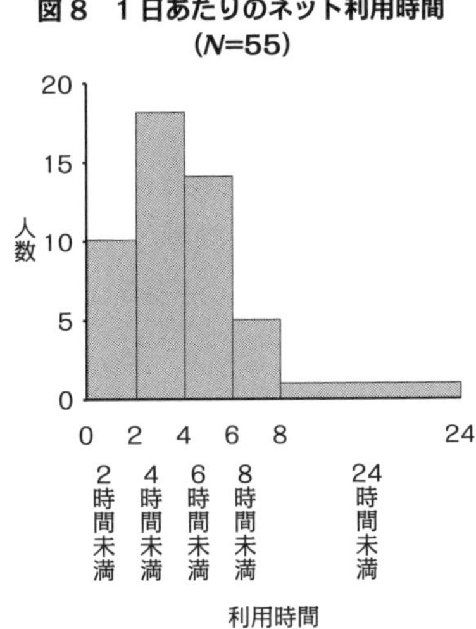

図表と本文をつなぐ

★ 図表と本文のつなぎ方

図表がそれ自体で完結した表現物であるように、本文もそれ自体で完結する表現物にします。図表は本文を読まなくても理解できるように作り、本文は図表を見なくても理解できるように書きます。両者は、親子関係にたとえると、さしずめ本文が親で、図表は子供といったところです。本文が子離れし、図表が親離れしてこそ、両者にいい関係が築かれます。

実際はどうでしょうか。次のような記述をしばしば見かけます。

図表があるのに、その説明が本文のどこにも見当たらないのです。読者は、いったいどのタイミングで図表を見ればいいのか混乱します。図表が見えるだけに落ち着きません。図表を見ても、どこに注目すればいいのか見当がつきません。図表は結局、置いてけぼりです。

さすがに、ここまでひどいケースは多くありません。多いのは、すべてを図表に託してしまうケースです。

「集計結果をTable Xに示した。次に……」と、図表の内容にふれることなく、どんどん先に進む、図表を放置した書き方です。図表をどう見ればいいのか、どんな結果が得られたのか。これらはすべて著者が示すべきことがらなのですが、この書き方は、その作業を読者に強います。はじめて論文を目にする読者はとまどうばかりです。

では、どう直せばいいのでしょうか。

★ 本文から図表へ

図表は表現物として独立していても、図表から読み取れる内容は、絵画同様、何通りもありえます。絵画であれば、鑑賞者が自由に解釈しても実害はありません。しかし、論文の図表ではそういうわけにはいきません。正解があるからです。細かな数値やようすは図表に託し、そのポイントを本文で説明する。そのような書き方であれば、読者も思考が途切れることなく読み進められます。

こんな例で考えてみましょう。2020年春、日本感染症学会と日本環境感染学会が感染症に関する調査を行いました。その中で感染症予防のために行っている行動をたずねています。項目は全部で11あり（回答漏れの確認用に、12番目が「何もしていない」となっています）、回答は複数回答です。その結果を文章にしてみました。

「日常生活で特に感染症予防のために行っていることを複数回答でたずねた。最も多かったのは『手洗い』83.8％で、次が『マスクの使用』59.3％と『うがい』58.8％だった（表10）。それ以外の予防行動は半数に満たなかった」。

この文章で、結果のあらましは伝わります。それ以外の予防行動について知りたければ、図表を見ればよいのです。

元の表は質問紙にあった順番で項目が並んでいました。選択回答の結果は実際の設問順で示すべきだという考え方があります。はじめのほうにある項目ほど選ばれやすいという初頭効果を否定できないからです。しかし、結果を知りたいときにはどうでしょうか。実際の項目順より実施率の高い順（降順）で並んでいるほうが見やすいのは言うまでもありません。図表にする意味もあります。項目を実施率の降順に並べた表を作ってみました。それが表10です。これであれば、本文から表に視線を動かしても、4番目以降の予防行動がすぐ読み取れますし、実施率の低い予防行動も一目瞭然です。なお第2回調査の結果は降順になっていました。

図表と本文、それぞれが自立してこそ、共存共栄の関係が生まれ、結果的に論文全体の理解もはかどります。

表10　感染症予防行動の実施状況（*N*=2000）

予防行動	実施率（％）
1.　手洗い	87.7
2.　マスクの使用	59.3
3.　うがい	58.8
4.　お茶を飲む	33.3
5.　手の消毒	31.9
6.　人混みに近づかない	31.6
7.　加湿器の使用	20.7
8.　空気清浄機の使用	18.6
9.　ワクチンの接種	14.8
10.　使い捨て手袋の使用	6.1
11.　その他	2.9
12.　何もしていない	8.9

注：日本感染症学会・日本環境感染学会（2020）を再構成。

「考察」の書き方

★ 考察の位置づけ

「考察」は論文のメイン、そして論文の最終セクションです。それは書く人にも読む人にもあてはまります。論文の中でいちばん印象に残るセクションです。

「問題」「方法」「結果」の各セクションは報告が主な役割でした。このテーマについて、これまでこんなことが明らかになっている、それをふまえ、私はこんな研究をします。そのためにこんな方法を用いたら、こんな結果が得られました。他方「考察」の主眼は、リサーチ・クエスチョン（RQ）に対する答え、先行研究との照合、そして今後の研究課題です。いわば、RQとの対話、先行研究との対話です。

★ 考察の構成

まず、ここまでのまとめを書きます。具体的には、問題意識、RQ、研究方法を述べます。続いてRQに対する答えを書きます。探索型RQであれば、その具体的内容について、仮説型RQであれば、それが支持されたのか否かについてそれぞれ書きます。

次が先行研究との関連です。もし統計的検証を用いるのであれば、効果量を介すると共通基準で比較できます。効果量に関する記述が見当たらなければ、算出しましょう。平均の差（対応のないt検定）を例に取ると、t値と自由度だけでr族は求められますし、平均と標準偏差、データ数でd族は求められます。t値、自由度、平均、標準偏差、いずれも論文には書かれているはずです。

RQにかかわらない結果についても、結果の概要を述べた上で、結果の解釈を書きます。

次が結論、研究でわかったことを明記します。これだけは確実に言える、それを書きます。大きなテーマで研究すると、何を書けばいいのかとまどうかもしれません。この研究で確実に言えることって何かなあ、と。小さな研究テーマであれば、具体的に書けるはずです。

考察の最後は、研究の限界や今後の課題です。ここで、最初からわかっている制約にふれるのは、なしにしましょう。たとえば、研究の限界を述べるなかで調査対象者にふれるケースを見かけます。「今回は調査対象者が学生だったので、結果は一般化できない」。さて、これを読んだ人はどう思うでしょうか。なぜ最初から、学生以外の人に調査しなかったのだろうと疑問に思いませんか。対象者の拡大を今後の課題とするのであれば、今回の結果をどのように位置づけるのか、それを説明したあとで、学生ゆえの制約を書く必要があります。すべての人に調査することなど不可能です。対象者を限定したこと自体は研究の限界でもなんでもありません。

研究の問題点は、反省を述べるのではなく、今後の課題に転換した上でふれるようにしましょう。

理想の「考察」は、このセクションだけで内容が完結することです。つまり、問題や方法、結果の各セクションを見なくても、「考察」単独で研究の全体像が理解できるように書きます。

★ 最後の最後

「考察」の結論で感想を見かけることがあります。「こうすればよかった」「……で苦労した」といった表現で終わる文章です。感想は研究の結論ではありません。研究の結論とはRQの検証作業から、なかば自動的に得られる帰結です。感想は帰結ではありません。

研究内容に関係なく書ける一般的な結びも結論ではありません。「人間とはつくづく複雑な存在である」。これは「人間とはつくづく単純な存在である」とすぐに言い換えられる程度の文章です。これを結論に書かれると、あなたはなんのために研究したの？ と言いたくなります。調査に協力した回答者も、指導教員も、がっかりです。

考察の最後は、今回の研究のいいところにふれた一文で締めます。最終行は肯定的な一文にしましょう。気の利いた一文で締められれば申し分ありません。そのためにも先行研究を読む際は、考察の最後のパラグラフ、最後の1行にも注目するようにしましょう。

引用と二次引用

★引用

引用は引用部分と出典をセットで行い、それが引用であることを明記します。引用部分の示し方は2種類あります。原文を引用する「直接引用」と、要約して引用する「間接引用」です。

直接引用とは、文献内の文章をそのまま引用する仕方です。書き方は、引用する量によって2種類に分かれます。引用量が2、3行以内の場合は、引用部分を引用符（「　」、あるいは“　”）で囲み、地の文に組み込みます。引用部分を「 」でくくると、原文内の「 」を『 』に変える必要が生じますが、最近では、変えないケースも見かけます。原文表記を優先したり、変える手間を省いたりするためでしょう。個人的にはそれでもいいと思います。引用量が数行以上にわたる場合は、ブロックで示します。引用部分だけのブロック（段落）を作り、前後を1行ずつ開けた上で全体を1字ないし2字、字下げします。引用文の冒頭と最後の「 」は要りません。ブロック冒頭の1字下げも不要です。

原文のままとは言っても、文章を読みやすくするための変更は許されます。縦書きの原文を横書きにすると、漢数字や全角英数字を半角英数字に直したくなりますし、そのほうが読みやすくなります。補足を要する場合は、それをブラケット（[ ]）付きで挿入します。原文の一部を省略する場合は、3点リーダー2個（……）で示すか、（略）で示します。

間接引用は、原文の内容を要約して引用する仕方です。書き方に決まったルールはありません。

出典は、その文献の著者名（原則として姓）と出版年をセットで書きます。この表記は、その著者がその年に出版した「文献」という意味です。他方、読者はこの情報を手がかりに「引用文献」リストから文献の書誌情報を探します。

出典を示す位置は、どちらに重きを置くかで2種類に分かれます。特に決まっている訳ではありませんが、著者に重きを置くときは「山田（2021）は……」とか「山田（2021）によれば……」のように文頭に、内容に重きを置くときは「……と言われる（山田, 2021）」のように文末にそれぞれ置いたほうが読みやすくなります。

★ 二次引用

引用は原典から、が基本です。しかし、文献が古かったり、外国の書籍だったりして、入手できない場合があります。そのようなときは、その文献を引用している文献を頼りに引用するしかありません。これを「二次引用」と言います。いわゆる孫引きです。

二次引用は好ましいことではありません。引用に誤りがある可能性もゼロではないからです。それでも二次引用するしかない場合はあります。その場合、原典をあたかも読んだかのように記述するのは勧められません。引用では、それが二次引用である旨を明記します。こんな具合です。「鈴木（2019）によれば、田中（1940）はこう語っている。……」、あるいは「鈴木（2019）の引用によれば、……」と断った上で、田中（1940）の内容にふれます。文末であれば、「……（鈴木, 2019による）。」とします。

★ 謝辞としての出典明示

引用は著作権にかかわる法律問題です。引用部分や出典を明記しない引用（無断引用）は盗作や剽窃（ひょうせつ）とみなされます。ただし、これは引用論議としては最低限の話です。引用部分と出典を明記することにはそれ以上の意義があります。文献とその著者へのお礼なのです。「おかげで『私』も研究ができました」という間接的謝辞です。たとえ批判的視点での引用でも、その文献のおかげで研究できたことに違いはありません。自分の研究に寄与してくれた以上、必ず引用します。

先人のおかげで研究できた「あなた」は、今度は次の世代に研究成果を引き渡す番です。形こそ筒ではありませんが、あなたの卒論はリレーでのバトンです。あなたの後輩が参考にするかもしれませんし、先生が指導学生に勧めるかもしれません。

「引用文献」の作り方

研究で参考にした文献（参考文献）は研究が終わった時点で、引用文献へと性格を変えます。研究で参考にした文献はリストにし、「引用文献」にかかげます。もし参考にしたものの本文でふれていない文献があれば、本文でふれ直し、「引用文献」に加えます。

「引用文献」の作成は、文献の書誌情報をととのえる作業と、それらを著者のアルファベット順で並べる作業の二つからなります。

★ 書誌情報をととのえる

書誌（書物や論文）を特定するための情報を「書誌情報」と言います。具体的には、誰が、いつ、どんな表題で、どこに書いたのか——著者名と出版年、表題、掲載場所——を順番に並べます。

日本語文献の例で見ていきましょう。

(1)　著者名と出版年

著者名を名字、名前の順番で書きます。名字ないし名前が1字の場合は、両者を半角スペースで区切ります。著者が複数の場合は、「・」で著者名を区切ります。たとえば、田中花子・鈴木一郎となります。

左カッコに続けて出版年を半角数字で入力します。出版年が不明のときはn.d. とします。no dateの略です。出版年のあと、右カッコで閉じ、ピリオドを打ちます。ここまでが一区切り、ピリオドがそれを意味します。

(2)　表題

論文表題や書名、章の表題（章題）が入ります。副題は、主題のあとにコロン（:）を打ち、続けます。

(3)　掲載場所

掲載場所の入力に先立って、区切り記号として（全角）スペースを入れます。

- **雑誌論文**　誌名、巻（号）、掲載ページを書きます。誌名と巻（号）、巻（号）と掲載ページ、それぞれの間はコンマで区切ります。掲載ページは、最初と最後のページをエンダッシュ（–）でつなぎ、最後のページのあとにピリオドを打ちます。ウェブ上でも見られる論文はURLを追加しましょう。

・**書籍**　出版社名を入れます。分担執筆で特定の章に限る場合は、編著者名、書名、掲載ページ、出版社を書きます。掲載ページは、最初のページの前にpp.（1ページのみの場合はp.）を置き、全体をカッコで囲みます。翻訳書は、最初に原著の書誌情報を、著者名（出版年）. 書名. 出版社で書き、そのあとに、翻訳書の書誌情報――訳者名（訳）（出版年）. 書名　出版社――を続け、全体をカッコで囲みます。

新聞記事やネット上の資料、欧文文献は巻末付録の「社会心理学研究」執筆要項（抜粋）で確認してください。

カッコは原則として、その中が英数字のみの場合は半角、日本語が含まれる場合は全角にします。使い分けが面倒であれば、すべて半角でも、あるいは全角でもかまいません。

心理学の雑誌では、日本語文献の書名と雑誌名は鉤カッコなしで表記するのが一般的です。欧文文献はイタリック体で書名や雑誌名を表記します。そのため、日本語文献でもイタリック風にするケースを見かけますが、部分的な斜体の読みにくさは否めません。

★ 書誌情報の記載例

書誌情報の代表例を以下にかかげます（「社会心理学研究」執筆要項から引用）。

（1）　雑誌論文

本間道子・都築真知子・渡辺美由紀 (1985). 競争・協力状況がクラウディングに及ぼす効果　年報社会心理学, *25*, 167-180.

（2）　書籍

原岡一馬 (1970). 態度変容の社会心理学　金子書房

（3）　書籍内の一章

鈴木裕久 (1972). 受け手の特性と広告効果　飽戸 弘 (編) 広告効果：受け手心理の理論と実証 (pp. 252-271)　読売テレビ放送

（4）　翻訳書

Lind, E. A. & Tyler, T. R. (1988). *The Social Psychology of Procedural Justice*. Plenum.（菅原郁夫・大渕憲一（訳）(1995). フェアネスと手続きの社会心理学：裁判、政治、組織への応用　ブレーン出版）

引用時のポイント

本文中での文献引用や「引用文献」作成で留意すべきポイントをいくつか紹介します。

(1) 同じカッコ内での複数の引用文献

一つのカッコ内で、複数の文献を同時に引用する場合があります。その際、文献間の区切り記号および著者名の扱いが、著者が同一か否かで異なります。同一著者の場合はコンマ（,）で区切り、異なる著者の場合は、著者名のアルファベット順に並べた上で、その間をセミコロン（;）で区切ります。例をあげましょう。

……（鈴木, 2019, 2021）。……（鈴木, 2019; 田中, 2021）。

(2) URL（所在情報）の扱い

「引用文献」では、個人サイトや企業サイトのような一時的に存在するウェブページはURLに続けて、そのページにアクセスした日付を書きます。ページの削除やURLの変更でリンク切れになる場合があるからです。アクセス日はオンラインジャーナルのような文献では不要です。所在情報にDOI（Digital Object Identifier）を採用するジャーナルが増え、掲載元のURLが変わっても見られるようになっているためです。

紙ベースの文献でも、出版後あるいは投稿段階のものを、オンラインで公開されるケースがあります。オンライン版が存在する文献はURLを記載するようにしましょう。読者としても、すぐ読めたほうが助かります。

(3) ページ番号

書籍内の文献は、ページ番号の前にpp.を付けます（1ページのみはp.です）。雑誌のような逐次刊行物の文献はページ番号のみです。

(4) 編者名

欧文書籍内の編者名はイニシャルが先です。たとえば、In P. H. Mussen (Ed.) とし、In Mussen, P. H. (Ed.) とはしません。書籍自体が引用文献の場合は著者名同様、イニシャルを後にします（例、Mussen, P. H. (Ed.) (1983).）。

引用文献の配列

★ 著者姓のアルファベット順

引用文献は、言語の種類に関係なく、著者姓のアルファベット順で並べます。かりに、すべてが日本語文献でも、このルールに従います。言語別にもしません。

同姓の場合は名前のアルファベット順にします。共著の場合は、第一著者の名字で並べます。第一著者が同じ共著は、第二著者の名字で並べます。

同一著者の文献が続くとき、著者名の部分を二倍ダッシュ（——）にして省略する例を見ますが、好ましくありません。その前の書誌情報を見ないと著者がわからないからです。著者名は必ず書きましょう。同一著者で、出版年のみ異なる文献は、出版年の古いものから順番に並べます。これを昇順と言います。

配列は名字がキーです。日本名はローマ文字表記を確認します。スペルは人さまざまです。基本は本人による表記、ついでヘボン式です。外務省のホームページ（https://www.ezairyu.mofa.go.jp/passport/hebon.html）は撥音の書き方にもふれています。もしかすると、あなたの常識と違うかもしれません。「B、M、Pの前の「ん」は、NではなくMで表記します。例：難波（ナンバ）NAMBA、本間（ホンマ）HOMMA、三瓶（サンペイ）SAMPEI」。本人によるローマ字表記がわかる場合はそれを優先します。論文にはたいてい明記されています。

名前の読み方は、怪しいと思ったら確かめるようにします。たとえば、中島には「なかしま」という読み方もあります。あいうえお順では「なかしま」が先ですが、アルファベット順では「なかじま」が先に来ます。NakajimaとNakashimaですから。

★ 配列順の確認

文献リストができあがったら、著者名のアルファベット順に並んでいるか、そこだけに注目して、配列順を確認します。スプレッドシートで並べ替えをしたとしても、です。念には念を入れてください。

「要旨」の書き方

★ 論文要旨

卒論に要旨（アブストラクト）を添付するよう求められることもあります。

要旨とは肝要な趣旨、「とても大切」な「伝えたいことがら」です。読者からすれば、読むだけで論文そのものまで読んだ気持ちになれるような文章、それが理想です。要旨を読んだ人が本編を読みたくなったら、もう完璧です。

理想的な要旨の条件を考えてみましょう。

第1は、タイトルとのつながりのよさです。読者はタイトルを見てから要旨を読みます。タイトルにある言葉が要旨に含まれていれば、それだけで論文の理解がはかどります。タイトル内の語は必ず含めるようにしてください。

第2は、研究のキーワードが含まれていること、そして第3は研究イメージが浮かびやすいことです。質問紙調査にもとづく研究の場合、主要設問や調査対象者は必須です。結果のまとめと結論も明記します。

これら3点を満たした上で、かつ本文を読まなくても理解できるように書きます。略語は教科書や辞書に載っているものにとどめます。ときどき、もくじをふくらませたような要旨を見かけますが、NGです。

要旨の書き方について、ノースカロライナ大学心理学科のシルヴィア教授は、以下のようにアドバイスします (Silvia, 2015)。

・冒頭は「疑問形や包括的主張」で始めるのがよい

・「序論」の1行目は要旨の「すばらしい1行目」に使える

彼がすすめる「強い」冒頭の書き出しは、次の三つです。

・問いかけ

・一般的主張

・具体例などで興味を引く

他方、生気を欠く「弱い冒頭表現」として、次のような例をあげます。

・〜に対する関心が高まっている。

・今日まで〜という問題はほとんど注目されてこなかった。

・DSMによれば〜（辞書的定義の開陳)。

最後は肯定的文章や「結論となる一文」で締めます。「読者の耳に残るのは最後の1行」、研究の重要性を明確に述べます。このアドバイスは本文の最後にあてはまります。そのほうが読後感もよく、頭の中も整理されます。

いい見本を見つけることは要旨の作成でも大事です。冒頭行と最終行を読み、いいと思ったものを見本にしましょう。学術誌の要旨は専門家の書いたものですから、あなたにとっては雲の上の文章かもしれません。しかし一度はきちんと読んでください。その際、事前に自分で要旨を書いてから読むようにするといい練習になります。

「社会心理学研究」の公式要旨は英文ですが、「和文要旨」が学会サイトで公開されています（https://www.socialpsychology.jp/journal/contents.html）。日本心理学会も同様に、「心理学研究」の日本語要旨を公開しています（https://psych.or.jp/publication/shinri06/）。日本グループ・ダイナミックス学会の学会誌「実験社会心理学研究」には、日本語要旨が公式に掲載されています。

要旨の字数には当然ながら上限があります。心理学関係の雑誌を見ると、500字あたりが一つの目安になっています。

★ 発表会用要旨

要旨は論文用とは別に、卒論発表会の配布資料として用意することもあります。その場合は、A4判1ページか2ページと、論文用の数倍のスペースが提供されるはずです。これくらいスペースがあると、詳しく書けますし、図表や引用文献も掲載できます。雰囲気は論文全体を凝縮したような感じと言えばいいでしょうか。結果や考察ではメリハリをつけ、できるだけ具体的イメージが浮かぶように書きます。

発表会用要旨は、日本社会心理学会の大会論文集を参考に作成するのがいいと思います（https://iap-jp.org/jssp/conf_archive）。現在は一発表1ページですが、2010年の第51回大会までは2ページでした。つまり1ページ版と2ページ版という2種類の見本が見られます。

コラム12　引用文献の使われ方

卒業論文における引用文献の使われ方を調べた研究があります。「人文・社会学系優秀卒業論文の分析」という論文です（矢野, 2014）。分析対象は、人文・社会系の優秀卒論35点です。内訳は、国立大学外国語学部地域国際コース10点、私立大学社会学部10点、私立大学商学部10点、国立大学経営学部国際経営学科5点です。いずれもインターネット上で公開されているもので、研究時期からすると2013年度の論文と思われます。

上記4学部の中で社会心理学に最も近い社会学部の結果を見てみましょう（下表）。大項目レベルでは「研究の意義を示すために先行研究を整理する」ため7％、「結論を導くために事実関係を整理する」ため64％、「考察する際の観点や解釈を示す」ため15％、「自己の主張を補強する」ため11％、「その他」3％という結果でした。小項目レベルでは「2. 個別の事例や具体的内容を提示する」ための引用が41％と最も多く見られました。先行研究関連の引用の少なさは実証研究を旨とする心理学と異なる点です。

分野が異なると引用文献の使い方も変わります。

文献引用の目的

大項目	小項目
・研究の意義を示すために先行研究を整理する	1. 研究の意義を示すために先行研究を提示する
・結論を導くために事実関係を整理する	2. 個別の事例や具体的内容を提示する
	3. 定義の説明や先行研究の理論を提示する
	4. 歴史的経緯や社会的実情を提示する
・考察する際の観点や解釈を示す	5. 解釈を提示する
	6. 別の視点を提示する
	7. 論点を分析するための観点を提示する
・自己の主張を補強する	8. 自己の主張を支持する意見やデータを提示する
	9. 自己の主張とは異なる意見を提示する

付録の作り方

質問紙調査による卒論では、巻末に付録をつけます。用いた質問紙と各設問の単純集計、場合によっては、自由回答の内容やインタビュー記録が含まれます。質問紙の掲載は研究の再現可能性を高めますし、読者にもありがたい情報です。単純集計は調査結果の概要をながめるのに適しています。

★ 質問紙と単純集計

「質問紙と単純集計」には二つのスタイルがあります。一つは設問ごとに集計結果（度数、平均と標準偏差）を添えるスタイルです。このスタイルでは、設問と回答状況が同時に見られます。もう一つは質問紙と集計結果を別々にするスタイルです。具体的には前半に質問紙を載せ、後半に集計結果の表を載せるやり方です。キー属性別に集計結果を示したいときに用います。たとえば、全設問を出身地別（東日本と西日本とか）で示すような場合です。

自由回答による設問が含まれていたり、選択肢の「その他」に書かれた自由記述がある程度見られたりしたら、それも掲載します。

タイトルは、心理学の研究では「質問紙と単純集計」がいいと思います。「調査票」には実態調査のニュアンスが漂うからです。リサーチ・クエスチョンや仮説にもとづく質問紙調査では「質問紙」のほうがふさわしい感じがします。英語はどちらもquestionnaireです（迷わずに済むのがうらやましい）。ですから「調査票」はダメというわけではありません。

★ インタビュー記録

インタビューをしたときは、その内容も付録に載せましょう。インタビュー記録のスタイルには何種類かあります。付録として載せる場合は、会話型（インタビュー場面の再現）か、問わず語り型がいいと思います（川浦, 2019）。聞き手の質問は書かなくても、話し手の答えから推測できます。あるいは答えの冒頭で質問を確認するかのように書けば伝わります。それが問わず語り型記録です。話し手の発言に集中できる利点があります。

VII 文章の点検

伝わる文章に

論文執筆のコツはとにかく書くことです。そして直す。その際、伝わる文章になっているかという視点で読みます。以下は、修正のポイントと伝わる文章にするためのテクニックです。

★ すぐ修正できるポイント

- 書き言葉にする。たとえば、接続詞的な「なので」は話し言葉。「したがって」にする。
- 文章の形にする。主語と述語がセットになるようにし、体言（名詞系）で止めない。
- 接続詞の使用を抑える。なくても意味がつながる接続詞は省く。そのほうが流れもよく、読みやすい。不要な接続詞の代表例は「また」と「したがって」である。
- 肯定表現を基本にする。否定表現を用いなくても書ける文章は肯定表現にする。「……でないとは言えない」のような二重否定はにわかに理解できないので避ける。たとえば「……であると言える」のようにする。
- 段落の冒頭を一字空け、段落の区切りを明確にする。
- 段落に分ける。内容で段落を分け、読みやすくする。1段落の目安は長くても400字以内。
- 文を分ける。長い文章や複数のことがらを一文に含む文章は理解をさまたげる。一文は120字ないし3行以内にとどめる。
- 。）。は、）。、。」。は、」。とする。右カッコの直前の句点は取り、文の終わりを明確にする。句点の数は、一つの文章に一つを基本にする。
- 三つ以上の語を並べる場合、「や」は最初の2語の間に入れる。たとえば「北海道や本州、四国」とし、英語の & のように「北海道、本州や四国」としない。「や」を先におくことで、そのあと語がいくつか続くことが事前に伝わる。
- 省略や余韻を意味する3点リーダー（…）は二つならべ、……とする。

★パラグラフ・ライティング

パラグラフ（段落）を、文章の構成単位とした書き方を「パラグラフ・ライティング」と言います。具体的には、各パラグラフの先頭行を追っていくだけで論旨が理解できるような書き方です。

パラグラフ・ライティングでは、一つのパラグラフに含める話題は一つだけにします。話題が複数含まれる場合は話題の数に応じて分割します。

パラグラフの先頭行（キーセンテンス）では、そのパラグラフで最も大事なことがらを書きます。具体的にはまとめや結論、要約が当てはまります。そのあとで、キーセンテンスに関する説明や具体例、根拠や理由を述べます。パラグラフの最終行は、先頭行と呼応させます。理想は先頭行と最終行を読むだけで、そのパラグラフが理解できるような書き方です。

パラグラフ・ライティングで書くためのコツを二つ紹介しましょう。

まず、書くべきことがら、ないしポイントを箇条書きで書き出します。これがキーセンテンス候補です。続いて、箇条書きの順番を確認します。一つのストーリーになっていればオーケーです。

次に箇条書きの内容を膨らませるようにして文章を書いていきます。これでパラグラフができあがります。最後にキーセンテンスを拾い読みして、全体の流れを確認します。もし、流れがスムーズでなければ、パラグラフの順序を変えたり、キーセンテンスを書き直したりして調整します。

パラグラフ・ライティングを意識しないで書いた文章でも、各段落の先頭行を拾い読みしてみましょう。先頭行がキーセンテンスになるように段落内の文章構成を見直せば、パラグラフ・ライティングになります。最初からパラグラフ・ライティングで書くのは難しいかもしれません。まずは文章を書き上げ、あとからパラグラフ・ライティングの視点で見直すのがいいと思います。

【読書案内】

- 阿部紘久（2009）『文章力の基本：簡単だけど、だれも教えてくれない77のテクニック』日本実業出版社
- 倉島保美（2012）『論理が伝わる世界標準の「書く技術」：「パラグラフ・ライティング」入門』講談社

気持ちのよい表現に

文章は、読む側はもちろん、書く側にとっても気持ちのよいほうがいいに決まっています。言葉は思考の手段だからです。気持ちのよい表現の重要な特徴としてフェアネス (fairness) があげられます。これは「公平」「公正」「論理にかなっていること」を意味する言葉です。以下では、フェアネスを実現するための表現を例とともに見ていきましょう。

★ とらわれない表現の例

(1) 「彼」「彼女」は言い換える

「彼／彼女」とか、「彼ないし彼女」という表現を見かけた経験はないでしょうか。He/Sheの日本語版です。スラッシュ（／）は本来、km/時のように単位に用いる記号で、文章になじみません。

性別が重要な意味をもつ場合は別ですが、そうでなければ性別以外のカテゴリーを用いるか、性別を使わない表現にします。「青年」や「学生」、あるいは「人々」でもいいでしょう。

(2) 「兄弟姉妹」は「きょうだい」とする

「兄弟姉妹」という、兄、弟、姉、妹のフル表記は、上下関係や性別を意識させます。もし上下関係や性別が争点でないのであれば「きょうだい」を用います。

『大辞林 第三版』は、「きょうだい」の表記として、「兄弟」「姉妹」「兄妹」「姉弟」の4種類をあげ、語義の2番目にこう書いています。「両親または片親を同じくする間柄。また、その間柄にある人々。あに・おとうと、あね・いもうとなどの関係」。

「きょうだい」と聞くと、兄弟の2文字が浮かぶかもしれませんが、それ以外もきょうだいなのです。

(3) 「わが国」は「日本」にする

研究では研究対象と距離を置くこと、相対化することが欠かせません。したがって自国のことであっても国名で書きます。しかも絶対表記のほうが確実に伝わります。日本語も日本語とし、国語とはしません。その人にとっての基本言語は「母語」とします。「母国語」ではありません。その国の言葉が一つとは限りませんし、母国の定義も一筋縄ではいきません。母語は言語学の用語でもあり、そこでは同じ系統の言語の源という意味を持ちます。どちらの意味の母語かは文脈で判断できます。母国語と書きそうになったら、母語にしましょう。

(4)　西暦をもちいる

年表記は西暦を基本にします。元号では年同士の計算が手間ですし、いつごろのことか直ちにわかりません。どこの国の人がいつの時点で読んでもわかるような表現にします。

文献タイトルもくふうできます。『平成31年版○○白書』を引用する場合、「2019年版『○○白書』」とすれば、西暦で書けます。ただし文献リストでは『平成31年版○○白書』と書名どおりにします。固有名詞だからです。

★ 偏見のない表現の例

アメリカ心理学会は論文執筆者に対し、調査回答者や実験参加者はじめ、論文中に出てくる人たちを貶めるような表現を避けるよう喚起しています。同様の配慮は卒論でも必要です。いくつか例をあげましょう。

特徴と人格を同一視しそうな表現は両者を分離した表現が望まれます。たとえば「老人」は「高齢者」とします。また、「学生は回答させられた」のような受動態表現は学生を行為者として扱っていないニュアンスを含むため、「学生は回答した」のような能動態表現にするよう求めています。そのほか、マイノリティという語を使うときは、その語が劣っていることを連想させるため、民族的マイノリティのような限定表現が好ましいとアドバイスします。

表現に迷ったときは、自分のことがこう書かれたらどう感じるかを基準に考えるといいと思います。その人はあなたかもしれません。

【読書案内】

- American Psychological Association (2019) *Publication Manual of the American Psychological Association* (7th ed.). APA.（前田樹海・江藤裕之（訳）(2023)『APA論文作成マニュアル 第3版』医学書院）

すっきりした文章に

すっきりした文章は、研究内容の理解を促すための必要条件です。そのためのポイントを説明しましょう。

★ 文末を締める

(1) 「わかった」を省く

こんな文章があったとします。「分析の結果、不安の高い人ほどパフォーマンスは低下することがわかった」。これは「分析の結果、不安の高い人ほどパフォーマンスは低下した」と、事実を記述するだけにします。「わかる」のは書き手ではなく、読み手だからです。文章としても、「わかった」はないほうがスッキリします。どうしても使いたいときは「明らかになった」や「示された」で締めます。「わかった」内容は、結果から自動的に導き出されたことがらだからです。

(2) 「思う」や「思われる」は別の表現にする

「思う」「思われる」はどちらも主観的表現で、一種の感想です。根拠のある推測であれば、「考えられる」「言える」を基本表現にします。

★ 曖昧表現を減らす

(1) 「など」を省く

「スマホやガラケーなど」と書かれていると、「など」に何が含まれるのかなんとなくもやもやします。「など」に含まれるものの数が少なければ、「スマホやガラケー、タブレット」のようにすべて列挙します。もし携帯情報機器の例示表現であれば、「スマホやガラケーのような携帯情報機器」として、例示の趣旨を明示しましょう。

(2) 「約」を省く

「約4割」は「4割」で十分です。「ちょうど」がない限り、4割だけでも3.5割以上4.5割未満をさします。「約」を付けなくても、数値には「約」の含みがあるのです。ちょうど4割であれば、40%と単位を%にして有効桁数を増やします。それでも40%は39.5%以上40.5%未満の範囲をさします。40.0%

とすれば、ちょうどであることが明確になります。

(3)「的な」は「的」にしてみる

「的な」から「な」を取ると、その語のかかり具合がはっきりします。「非言語的なコミュニケーションの要素」を例に考えてみましょう。「な」を取り、「非言語的コミュニケーションの要素」とすると、「非言語的」が「コミュニケーション」にかかることが明確になります。「な」があると、「非言語的」が「要素」にかかる可能性も否定できません。「コミュニケーションの非言語的要素」と、形容詞と形容対象を近づけて、かかり具合を明確にする書き方もあります。

さらに、取れる「的」も取ると文章がスッキリします。「非言語コミュニケーションの要素」はどうでしょうか。名詞の前に置かれる語には形容のニュアンスがあるので、「的」はなくても形容詞としてはたらきます。

★ 形容表現を減らす

形容詞は曖昧表現の一要因です。たとえば「2020年は前年より多かった」では、なぜ「多かった」と言えるのか読者はわかりません。多寡の判断基準が曖昧だからです。「2020年は前年の10%増と多かった」と根拠となる数値を示すか、「2020年は前年にくらべ10%増えた」と事実を記述すれば十分です。「やや」に代表される「程度表現」も曖昧さを高めます。「前年よりやや多かった」では「やや」がどの程度かわかりませんし、なくても言いたいことは伝わるのではないでしょうか。

★ 表記や表現を揃える

用語は表記を統一します。同じものなのに表記が異なると、読者は混乱します。略語は心理学の辞典や教科書にあるものにとどめましょう。

対比表現や並列表現では、語句や文構造のレベルを合わせます。「高齢者は若い人にくらべ……」は、「高齢者は若年者にくらべ……」にすると理解しやすくなります。「高齢者では半数が肯定的だったのに対し、若年者の9割が肯定的回答をした」は、「肯定的回答は、高齢者では半数だったのに対し、若年者では9割だった」にすると理解しやすくなります。

推敲と校正

★ 推敲と校閲

原稿が完成したら、最初から最後まで通して読みます。

「推敲」とは字句を練ることですが、その前に機械的にできることを済ませましょう。言い回し、スペルの間違い、表記のゆれのような形式チェックはコンピュータ上でできます。Wordであれば、「スペルチェックと文章校正」機能を利用します。たとえば「○○したり、××する」という表現があると、Wordは「○○したり」に青の二重線を引き、「「〜たり」は繰り返して使います」と指摘してくれます。赤の波線の付いた箇所は「入力ミス？」では、とのアドバイスです。「表記ゆれチェック」機能は、同じ語句の異なる表記を探し出します。たとえば「コンピュータ」と「コンピューター」が混在していたり、同じ言葉が漢字とひらがなで書かれていたりと、表記の一貫しない語句があると、その箇所に青の二重線を引きます。なお「表記ゆれチェック」機能はWindows版に限られるようです。

変換ミスのチェックは、意味理解を要するため、人力でやります。外交性や意志決定はよく見かける例です。正しくはそれぞれ、外向性と意思決定です。変換ミスは執筆時、長めに入力してから変換すると、かなり避けられます。「意思決定」もそうです。「いし」で変換すると「意志」も出てきますが、「いしけってい」で変換すれば「意思」しか出てきません。

次は校閲です。推敲は文章の中だけで完結する作業ですが、校閲はそういうわけにはいきません。記述の正誤や適不適をチェックするためには、文章外の情報が必要となるからです。数値や固有名詞は、元資料や辞書、ネット情報と照らし合わせます。

★ 校正記号の利用

パラグラフ・ライティング視点での見直し、論理的つながりや言い回しの確認といった深いレベルの推敲は紙上で行います。紙上で作業することにより、パソコン画面では気づかなかったミスも見つかります。推敲や校閲では、校正記号（表11）を使うと効率があがります。

推敲や校閲の結果を論文原稿に反映させたら、ふたたび全体を確認します。声に出して読み、言い淀んだら、そこが修正を要する箇所です。

表 11　よく使う校正記号

機能	校正記号	使用例	修正結果
文字や記号の修正			
修正	□□□□□□□	外文性（文→向）	外向性
削除	□□□□□□□（トル）	不安感（トル）	不安
挿入	□□□□□□□	卒論（業、文）	卒業論文
入れ替え	□□□□□□□	分析内容	内容分析
文字書式の変更			
書体	□□□□□□□（ゴチ）	ゴシック（ゴチ）	**ゴシック**
イタリック	□□□□□□□	italic	*italic*
上付き	□□□□□□□	χ2	χ^2
大文字	□□□□□□□	test	Test
行の変更			
改行	□□□。□□	図を示す。つぎに～	図を示す。 つぎに～
行を続ける	□□□□□□□。 □□□□□□	図を示す。 つぎに～	図を示す。つぎに～
字下げ	□□□□□□□	人はみな生まれながら ～	人はみな生まれなが ら～

注：修正や変更を取り消し、元のままにするときは、そこに「イキ」と書く。

コラム13　添削ハンコ

いっときTwitterで卒論添削用のゴム印が話題にのぼりました。目にした人もいるかもしれませんね。卒論を含め、論文の添削で付けるコメントはほぼ決まっていますので、ハンコにまかせたくなる人が出てきてもおかしくありません。実際に作った人たちのツイートが写真付きで流れ、「いいね」が五千件あまり付いたものもあれば、一万件近くに達したものもありました。共感を呼んだようです。ハンコこそ作りませんでしたが、私が添削で付けていたコメントも一定範囲に収まりました。それを以下にかかげます。

- 主語と述語を対応させる
- 文章を分ける
- 段落冒頭は一字下げる
- 段落を変える
- ページを変える
- 論理が飛躍
- 根拠を示す
- 図表について本文でふれる
- 出典を示す
- 「わかった」「思う」トル
- 接続詞トル

添削スタンプは商品にもなりました。14個セットには「イイネ！」スタンプも含まれていて、そこにはこんな一言が添えられています。

「学生のモチベーションをアップさせる『イイネ！』スタンプ付き。どんどん褒めて伸ばしましょう」。

ほめるのは教育の基本ですからね。

現場では、あなたの卒論が教員との合作にならないよう、日々気を使いながら添削しています。

コラム14　卒論の評価基準

提出した卒業論文はどのように評価されるのか、評価基準の一例を紹介しましょう。下記は、信州大学人文学部社会学研究室の「卒論評価の基準」(https://www.shinshu-u.ac.jp/faculty/arts/course/sociology/2005/10/98481.php）の抜粋です。社会心理学にもあてはまる内容が並んでいます。

(1)　形式

・読みやすい。

・誤字や脱字がない。

・引用の仕方と図表の書き方が執筆要項に沿っている。

・文献リストの書き方が執筆要項に沿っている。

(2)　内容

・問題（目的を含む）がきちんと書かれている。

・問題の重要性が説かれている。

・問題が、予備知識のない読者にもわかるように書かれている。

・先行研究が十分に検討されている。

・データを綿密に分析している。

・データ収集をきちんとおこなっている。

・議論展開に飛躍がなく、緻密である。

・議論の流れがわかりやすい。

(3)　結論

・問題やリサーチ・クエスチョンに対応して書かれている。

・何が明らかになり、何が明らかでないのかが整理されている。

・新しい知見が提示できている。

・今後の課題にきちんとふれられている。

できあがった原稿を審査者になったつもりで読んでみましょう。友人とお互いにやるのもいいですね。

提出前の最終チェック

★ローカルレベルでのチェック

大学によっては、卒論の仕様について細かなルールを定めています。ページのレイアウト（文字数、行数、余白）はもとより、ページ番号のふり方まで指定している大学もあります。

ルールにはそれぞれ理由があります。たとえばページ番号のルールは、最後の数字を見るだけで、規定枚数が守られているか確認できるようにしているのでしょう。ルールは大学というローカルなレベルが最優先します。せっかく書き上げても、ここでこけたら元も子もありません。

★見栄えのチェック

（1） 文字揃えの確認

文字揃え（文字列の位置）の基本は「両端揃え」です。行の右端が縦に揃ったレイアウトで、これによって読みやすくなります。

「両端揃え」はWordのデフォルトですが、他ファイルの文章をペーストすると、その箇所だけ「左揃え」になることがあります。右端が不揃いになっている箇所があったら、両端揃えに設定します。それによってレイアウトが変わり、ページがずれることもあります。あらためて全体を確認しましょう。

URLのような長い英字列に対し、Wordは英字列の途中で改行されないようにします。その結果、日本語部分の文字間隔が空きすぎになることがあります。空きすぎは次の方法で解消できます。

その段落にカーソルを置いた状態で、「フォーマット」メニューから「段落」を選びます。次に「体裁」内の「改行」で「英単語の途中で改行する」にチェックを入れます。空きすぎが解消されているはずです。解消法はほかにもあります。

（2） 図表位置の確認

図表は原則として、そのページの上部に配置します。

（3） Wordによる警告の確認

表記ゆれや誤字、脱字、ミススペルといったWordの自動チェック機能を利用して、直すべき箇所を直します。

(4)　ページ番号の確認

「はじめに」から「付録」まで、すなわち表紙の次から最後のページまでページ番号が通し番号になっているか確認します。途中で別セクションになっていると、数字が続いていないことがあります。

★照合によるチェック

(1)　本文と引用文献の照合

本文を読みながら、引用文献リストと相互に突き合わせます。一つずつ著者名と出版年を確認し終えたら、その文献にチェックを付けます。本文で引用しているにもかかわらず、引用文献リストにない文献は追加します。突き合わせが終わった時点で、チェックの付かなかった文献があれば削除するか、本文でふれるようにして、整合を図ります。

(2)　図表と本文の照合

図表の番号がそれぞれ通し番号になっていることを確かめます。ついで、図表と本文を突き合わせます。

(3)　もくじと本文の照合

もくじにかかげたページ番号と本文のページ番号が合っていることを、確かめます。

★ファイルでのチェック

最後はパソコン画面で、文中のURLが正しいか、実際にアクセスして、確かめます。執筆後、URLが変更になっている場合もあるからです。

URLは、httpやhttpsといったプロトコル（通信規約）で始まります。閲覧する際はプロトコルなしでも、そのサイトに行けますが、書誌情報として示す場合には、正しく書くようにしましょう。プロトコルが間違っているとアクセスできません。「s」の有無に注目してチェックしましょう。

コラム15　卒論が決めた人生

一生に一回の卒業論文。その卒論が人生を左右した、と聞いたら驚くでしょうか。話の主は、27歳で東京美術学校初代校長をつとめた岡倉天心（左図, 1863 ～ 1913）です。

卒論執筆当時の岡倉天心

岡倉は1880（明治13）年7月、東京大学文学部の1期生として卒業しました。当時まだ18歳ですが、前年に結婚をすませています。5月と6月の2ヶ月で卒論を書き上げ、あとは提出を待つばかりでした。「国家論」という英語論文です。ところが提出日の2週間前、卒論が妊娠中の妻に焼き捨てられます。痴話喧嘩が原因でした。茫然自失となりながらも、もう一度書くしかありません。テーマを変えてできあがったのが「美術論」です。卒業にはこぎつけたものの、成績はいまいちでした。しかし人生とはわからないものです。卒論がきっかけで、その後、美術行政にかかわるようになったのです。

卒業した年の10月18日、文部省に就職した彼は音楽取調掛（とりしらべがかり）（東京音楽学校の前身）に勤めます。当時、音楽は美術の一つとされ、美術に先行して（西洋）音楽の研究や教育が進んでいました。その後、専門学務局を経て1885年、図画取調掛の委員に就任。87年に図画取調掛が東京美術学校に改称されると、同校幹事に就任しました。

晩年、岡倉はこぼしたそうです。「おいらは（略）、やむをえず2週間で『美術論』をでっち上げた。その結果、成績は尻から2番目、しかも一生この『美術論』が祟って、こんな人間になってしまったのだ」（岡倉, 2013）。

一生を左右したのは成績ではなく卒業論文だったのです。当時、卒論題目は卒業名簿に掲載され、多くの人の目にふれました。

あの喧嘩の際、お腹にいた長男の一雄がこう書き残しています。「天心が美術教育家として世に立たんと志したのは（略）すでに大学卒業の論文に『美術論』をものした当時からとみるのが当をえていよう」（岡倉, 2013）。

いい卒論に近づく 10 のポイント

❶ 社会心理学の教科書を読み、研究装備をととのえる

❷ 新聞(投書)や学会発表で、社会や研究のホットイシューをしる

❸ リサーチ・クエスチョンを How 型でたてる

❹ 軸となる論文をさがし、研究見本、考察材料、執筆見本にする

❺ 設問は先行研究や既存調査をもとにつくる

❻ 質問紙は設問間の関係をたしかめながらつくる

❼ プリテストで質問紙の出来具合をたしかめる

❽ データ分析では設問間の関係に注目する

❾ 結論を明記し、今後の課題にふれる

❿ 声に出してよみ、原稿の流れをたしかめる

引用文献

天野郁夫 (2009). 大学の誕生（下） 中央公論新社

Arkin, R. M. (Ed.) (2011). *Most Underappreciated: 50 Prominent Social Psychologists Describe Their Most Unloved Work.* Oxford University Press.

馬場真哉 (2019). R言語ではじめるプログラミングとデータ分析 ソシム

Bales, R. F. (1950). *Interaction Process Analysis: A Method for the Study of Small Groups.* Chicago University Press.

Banyard, P. (1999). *Controversies in Psychology.* Routledge.（鈴木聡志（訳）(2005). 心理学への異議 新曜社）

Broman, K. W. & Woo, K. H. (2018). Data organization in spreadsheets. *The American Statistician, 72*(1), 2–10. https://doi.org/10.1080/00031305.2017.1375989

長 潔容江・原口雅浩 (2013). 絵画印象の研究における形容詞対尺度構成の検討 久留米大学心理学研究, *12*, 81–90. http://hdl.handle.net/11316/413

Cooper, J. (2011). What's in a title? : How a decent idea may have gone bad. In R. M. Arkin (Ed.) *Most Underappreciated: 50 Prominent Social Psychologists Describe Their Most Unloved Work* (pp. 177–180). Oxford University Press.

江利川 滋 (2007). 流行の「不思議」にせまる 村田光二・山田一成・佐久間 勲（編） 社会心理学研究法 (pp. 150–165) 福村出版

江利川 滋・山田一成 (2018). 公募型Web調査における複数回答形式の有効性評価 心理学研究, *89*(2), 139–149. https://doi.org/10.4992/jjpsy.89.16224

深田博己 (2011). 広島大学心理学教室における社会心理学研究史 広島大学心理学研究, *11*, 1–47. http://doi.org/10.15027/32381

原岡一馬 (2002). 心理学研究の基礎 ナカニシヤ出版

服部 環・山際勇一郎 (2019). 読んでわかる心理統計法 サイエンス社

Heinrich, H. W., Petersen, D., & Roos, N. (1980). *Industrial Accident Prevention* (5th ed.). McGraw-Hill.（総合安全工学研究所（編訳）(1987). ハインリッヒ産業災害防止論　海文堂出版）

樋口耕一 (2020). 社会調査のための計量テキスト分析 第2版：内容分析の継承と発展を目指して　ナカニシヤ出版

平松貞実 (2011). 事例でよむ社会調査入門：社会を見る眼を養う　新曜社

堀 洋道 (2001). 監修のことば　堀 洋道（監）・山本真理子（編）心理測定尺度集 I：人間の内面を探る〈自己・個人内過程〉(pp. i–iii)　サイエンス社

放送大学 (2020). 卒業研究履修の手引き　放送大学 https://www.sc.ouj.ac.jp/center/tottori/news/upload/2021年度%20卒業研究履修の手引_2021_履修者用.pdf（2022年10月20日）

池上知子 (2008). 社会心理学とは　池上知子・遠藤由美 グラフィック社会心理学 第2版 (pp. 1–13)　サイエンス社

岩下豊彦 (1983). SD法によるイメージの測定：その理解と実施の手引　川島書店

葛西真記子・松本麻里 (2010). 青年期の友人関係における同調行動：同調行動尺度の作成　鳴門教育大学研究紀要, *25*, 189–203. http://doi.org/10.24727/00027761

勝谷紀子・岡 隆・坂本真士・朝川明男・山本真菜 (2011). 日本の大学生におけるうつのしろうと理論：テキストマイニングによる形態素分析とKJ法による内容分析　社会言語科学, *13*(2), 107–115. https://doi.org/10.19024/jajls.13.2_107

川上善郎・川浦康至・池田謙一・古川良治 (1993). 電子ネットワーキングの社会心理：コンピュータ・コミュニケーションへのパスポート　誠信書房

川浦康至 (2019). インタビューを書く　コミュニケーション科学, *50*, 134–140. http://hdl.handle.net/11150/11373

川浦康至 (2020). インタビューとコミュニケーション　コミュニケーション科学, *52*, 118–130. http://hdl.handle.net/11150/11513

国立成育医療研究センター「コロナ×こども本部」(2020). コロナ×こどもアンケート 第2回調査 報告書 https://www.ncchd.go.jp/center/activity/covid19_kodomo/report/CxC2_finrepo_20200817_3MH.pdf（2022年10月20日）

国立成育医療研究センター「コロナ×こども本部」(2021). コロナ×こどもアンケート 第4回調査 報告書 https://www.ncchd.go.jp/center/activity/covid19_kodomo/report/CxC4_finalrepo_20210210.pdf（2022年10月20日）

Krosnick, J. A. & Alwin, D. F. (1987). An evaluation of a cognitive theory of responseorder effects in survey measurement. *Public Opinion Quarterly, 51*(2), 201–219. https://doi.org/10.1086/269029

Lewin, K. (1936). *Principles of Topological Psychology.* Munshi Press.

まど・みちお (2010). どんな小さなものでも みつめていると 宇宙につながっている：詩人まど・みちお100歳の言葉　新潮社

牧園清子（編）(1981). 現代のエスプリ No.171　流行　至文堂

三井宏隆 (1990). 社会心理学ワークショップ　垣内出版

三井宏隆 (2009). 大学通信教育に学ぶ人のための卒論作成ガイド　慶應義塾大学出版会

森 敏昭・吉田寿夫 (1990). 実験および調査の計画法　森 敏昭・吉田寿夫（編）心理学のためのデータ解析テクニカルブック (pp. 260–270)　北大路書房

村田光二 (2007). 社会心理学のテーマと方法　村田光二・山田一成・佐久間 勲（編）社会心理学研究法 (pp. 9–24)　福村出版

村山 綾 (2022). コロナ禍と社会心理学：コミュニケーションの問題の理解と改善にむけて　倫理学研究, *52*, 23–32. https://doi.org/10.24593/rinrigakukenkyu.52.0_23

永野光朗 (1994). 被服行動尺度の作成　繊維製品消費科学, *35*(9), 468–473. https://doi.org/10.11419/senshoshi1960.35.468

中村陽吉 (1976). 対人関係の心理：攻撃か援助か　大日本図書

中野博幸 (2020). js-STARの教科書 https://note.com/nappa7878/n/nac65b3ebfd1e (2022年10月20日)

日本感染症学会・日本環境感染学会 (2020). 感染症に関する意識・実態調査 https://fusegu.org/wp/wp-content/themes/fusegu/assets/pdf/FUSEGU2020_survey_results.pdf（2022年10月20日）

日本マーケティング・リサーチ協会 (1981). 回答バイアスの発生について 日本マーケティング・リサーチ協会

日本マーケティング・リサーチ協会 (2020). インターネット調査品質ガイドライン 第2版 http://www.jmra-net.or.jp/Portals/0/rule/guideline/20200525_internet_guideline.pdf（2022年10月20日）

日本心理学会 (2009). 公益社団法人日本心理学会倫理規程 https://psych.or.jp/wp-content/uploads/2017/09/rinri_kitei.pdf（2022年10月20日）

岡倉一雄 (2013). 父 岡倉天心　岩波書店

Osgood, C. E., Suci, G. J., & Tannenbaum, P. H. (1957). *The Measurement of Meaning.* University of Illinois Press.

Rodriguez, N. & Ryave, A. (2001). *Systematic Self-Observation.* SAGE. (川浦康至・田中 敦（訳）(2006). 自己観察の技法　誠信書房)

斉藤幸子 (1978). セマンティック・ディファレンシャル (SD) 法　人間工学, *14*(6), 315–325. https://doi.org/10.5100/jje.14.315

佐藤 学 (2015). 大学教育における卒業論文の意義：研究を始める前提 「人文系学士課程教育における卒業論文がもたらす学習成果の検証」編集委員会（編）人文系学士課程教育における卒業論文がもたらす学習成果の検証 (pp. 67–69)　学習院大学人文科学研究所 http://hdl.handle.net/10959/3896

芝 祐順・南風原朝和 (1990). 行動科学における統計解析法　東京大学出版会

芝﨑順司・近藤智嗣 (2008). Webを利用したリアルタイム評価支援システムREASの機能と運用　メディア教育研究, *4*(2), 29–35. https://www.code.ouj.ac.jp/media/pdf4-2-8/No.8-06fokusyuu05.pdf（2022年10月20日）

篠田雅人・日下田岳史 (2015). 人文科学系学士課程教育における卒業論文の意味付け 「人文系学士課程教育における卒業論文がもたらす学習成果の検証」編集委員会（編）人文系学士課程教育における卒業論文がもたらす学習成果の検証（pp. 4–14）　学習院大学人文科学研究所 http://hdl.handle.net/10959/3896

Silvia, P. J. (2015). *Write It Up: Practical Strategies for Writing and Publishing Journal Articles.* American Psychological Association. (高橋さきの（訳）(2016). できる研究者の論文作成メソッド：書き上げるための実践ポイント　講談社)

鈴木裕久 (1977). 流行　池内 一（編）集合現象 講座社会心理学3 (pp. 121–151)　東京大学出版会

高木 修・田中 優・小城英子・太田 仁・阿部晋吾・牛田好美 (2011). 学部学生の興味・関心から見た対人社会心理学研究の変遷：卒業研究のテーマ分析　関西大学社会学部紀要, *42*(2), 131–153. http://hdl.handle.net/10112/4926

田中 敏 (2006). 実践 心理データ解析 改訂版　新曜社

田中 敏 (2021). Rを使った〈全自動〉統計データ分析ガイド：フリーソフトjs-STAR_XRの手引き　北大路書房

内田 治 (2012). 官能評価におけるデータ解析の基礎 (2)：順位データの編集と解析

Sunatec e-Magazine, 77. http://www.mac.or.jp/mail/120801/02.shtml（2022年10月20日）

上野扶砂 (1994). 卒業論文制作をふり返って　慶應義塾大学通信教育部（編）卒業論文の足跡：慶應義塾大学通信教育課程　第1回～第85回卒業生 (1952.3–1994.3) (pp. 4–5)　慶應通信

潮木守一 (1997). 京都帝国大学の挑戦　講談社

山田一成 (2010). 聞き方の技術　日本経済新聞出版社

矢野和歌子 (2014). 人文・社会学系優秀卒業論文の分析：引用の使用に関する基礎調査　専門日本語教育研究, *16*, 67–72. https://doi.org/10.11448/jtje.16.67

安田三郎 (1966). 質問紙のワーディング実験　社会学評論, *17*(2), 58–73. https://doi.org/10.4057/jsr.17.2_58

おわりに

紙を1枚用意します。そうしたら、下のほうに「うんとふといYをひとつかいてください。そのYの枝を、ずっとのばして、もひとつYをのせてください」。もひとつ、おまけにY。せっかくですから、さらにもひとつY。

これは、イタリアの芸術家、ブルーノ・ムナーリ（1907 ～ 1998）が考えた木の書き方です（『木をかこう』至光社、訳は須賀敦子さん）。Yは木のありようを研究して得られた結論です。

ムナーリは、こう続けます。

「木のかきかたを、みなさんに教えましたが、このとおりにかいてください、というのではありません。規則をのみこんでくだされば、あとは、みなさん、それぞれ、すきなように、木をかいてください」。

私も、本書で卒論の書き方を教えましたが、私の役目もここまでです。あとは自分の好きなように書いてください。

本書は学部生を念頭に書き始めました。ところが書き進めているうちに、その前提はどこかに吹き飛んでしまったようです。読み返して気づきました。ちょっと厳しいかな、と。でも卒論は学術論文です。であれば、少しぐらいいい加減でもいい、というのもおかしな話です。思い返せば、学生たちへの要求水準も高かったような気がしてきました。

本書の執筆を始めた頃はCOVID-19が蔓延する前でした。執筆が遅れている間にパンデミックが発生、たちまち感染は広がりました。大学ではオンライン授業を余儀なくされ、学生の学習環境は一変しました。卒論の質問紙調査も、今後はオンラインが主流になるかもしれません。そう考え、「調査の実施」編をオンライン調査中心に組み替えました。リサーチ・クエスチョンの検討や文献検索でも、インターネット上の資源は欠かせません。本書は期せずしてオンライン活用ガイドとなりました。卒論について調べる過程では、いろいろな資料に出合いました。その一部をコラムで取り上げました。少し距離を置いて卒論を考えるきっかけになれば幸いです。

最後は、お礼の言葉で締めくくろうと思います。

本文中でのデータ処理では、Black-Box、HAD、js-STAR XRのお世話になりました。ありがとうございます。

本書の草稿は以下の方々に見ていただきました。川上善郎さん（元成城大学教授)、北村英哉さん（東洋大学教授)、久保田健市さん（名古屋市立大学教授)。また大隅昇先生（統計数理研究所名誉教授)、岩永雅也先生（放送大学長)、田中敏先生（上越教育大学名誉教授)、山際勇一郎さん（東京都立大学教授）は個別の照会に応じてくださいました。みなさんに心よりお礼申し上げます。日本社会心理学会には「社会心理学研究」執筆要項の転載を許可いただきました。ありがとうございます。同学会のオープンな雰囲気はホームページにもあふれています。図らずも本書は、心理学関連の学会活用ガイドとなりました。これも想定外でした。

項目タイトルのイラストは、旧川浦ゼミ（通称カワセミ）の卒業生でイラストレーターの金子としこさんにお願いしました。テーマに合わせた七態のカワセミは卒論に取り組む学生のようです。最後の飛び立つ姿には、卒論を仕上げた学生の姿が重なって見えます。すてきなカワセミをありがとう。

編集部の松山由理子さんには、暗礁に乗り上げるたびに助けていただきました。出版に漕ぎ着けたのは彼女のおかげです。また佐藤道雄さんにはわがままを聞いていただきました。お二人に厚くお礼申し上げます。

ムナーリの言葉は、次のフレーズで終わります。

「あ、ひとつだけ忘れないように。みんなに、教えてあげること―」。

私も、教わってきたことはすべて本書に書きました。バトンタッチ完了というわけです。

知はつながる手段！　卒論はリレー‼

2022年10月

川浦康至

付録 ――「社会心理学研究」執筆要項（抜粋）

以下は、日本社会心理学会の2022年度版「社会心理学研究」執筆要項から卒論にかかわりそうな部分を抜粋、編集したものです。スペースの都合で、文言を簡略化した箇所、日本語の表記例を短いものに差し替えたり、英文の表記例を省略したりした箇所があります。なお本要項は2023年9月に廃止、日本心理学会「執筆・投稿の手びき（2022年版）」に準ずることになりました。ご了解ください。

1 論文題目

論文題目と副題はコロン（：）で分ける。

身近な対人関係における自己呈示：望ましい自己イメージの呈示と自尊心および対人不安の関係

2 本文

1. 句読点は、テン（、）とマル（。）を使用する。ただし、引用文献の表記は「5　引用文献リスト」に従う。
2. 外国人名は「4　本文中における文献の引用」の1. に従う。文献引用を伴わない場合の人名は、初出時にファーストネームまたはイニシャルを付してJohn B. WatsonやT. M. Newcombのように示し、2度目以後は姓のみを記す（なお姓が一般的で、イニシャルだけでは誰を指すのかわかりにくい場合にはファーストネームを付す）。
3. 外国語は一般的用法に従ってカタカナで書く。
4. 数の表記は原則として算用数字を用い、計量単位は国際単位系（SI）を用いる。

3 図と表

1. 図はFigure 1、Figure 2あるいは図1、図2のように、表はTable 1、Table 2あるいは表1、表2のように通し番号をつける。罫線、文字、数字のみで構成されるものを表、それ以外を図とする。図表のタイトルは図表の上、注などの補足情報は図表の下に書く。

4 本文中における文献の引用

1. 本文中では著者名と出版年を示す。両者の区切り記号はコンマを用いる。

   南 (1957) は……

Newcomb (1954) によれば……

……が報告されている (南, 1957)。

……と言われている (Newcomb, 1954)。

姓のみでは混同する恐れのあるとき、名あるいはイニシャルを付す。

南 博 (1957) は……

T. M. Newcomb (1954) によれば……

……が報告されている (南 博, 1957)。

……と言われている (Newcomb, T. M., 1954)。

2. 二人共著の場合は引用のたびに両名の姓を書く。著者姓の間は、日本語表記の研究者名は中黒（・）、欧文表記の研究者名は “&” で結ぶ。

田中・松山 (1955) は……

Persons & Shils (1951) は……

……した (田中・松山, 1955)。

……した (Persons & Shils, 1951)。

3. 著者が3人以上のときは、第1著者の姓の後を、日本語表記では “他”、英語表記では “et al.” と略す。

大森他 (1997) は……

……した (大森他, 1997)。

Messick et al. (1997) は………

……した (Messick et al., 1997)。

第1著者と出版年だけでは区別がつかない場合は、区別に必要な著者名を列挙し、その後を “他”、“et al.” とする。

4. 同一箇所に2つ以上の文献を示すときは、(　) 内に著者姓のアルファベット順に並べ、セミコロン（;）で区切る。

……した (林, 1956; Horst, 1965)。

5. 同一著者の文献が複数ある場合は、コンマで区切って年次順に並べる。

齋藤 (1981, 1985) は……

……した (齋藤, 1981, 1985)。

同一出版年のものについては出版年の後に a, b, c, …を付して区別する。

祖父江 (1959a) は……

……した (林・今市, 1998a, 1998b, 印刷中a, 印刷中b)。

6. 翻訳書を引用する場合は、最初に原著の出版年、次に翻訳書の訳者姓と出版年を記して括弧でくくる。

Lind & Tyler (1988 菅原・大渕訳 1995) は……

……を示唆した (Lind & Tyler, 1988 菅原・大渕訳 1995)。

5 引用文献リスト

1. 論文の最後に一括して示す文献リストは、本文中で引用したものを著者姓のアルファベット順にすべて挙げる。引用せずに列挙することはしない。英文の引用の場合、*APA Publication Manual* (7th edition) の規則に従う。
2. 見出しは「引用文献」とする。
3. 記載は、著者名、出版年、表題、その他の順に行う。詳細は下例に従う。著者姓が同じ場合は名のアルファベット順に並べる。同一著者について、単著の文献と、第1著者として共著の文献がある場合は、単著を先にする。

   Kaufman, J. R. (1991). ……

   Kaufman, J. R. & Cochran, D. F. (1987). ……
4. 第1著者が同じで第2著者が異なる場合は、第2著者姓のアルファベット順に並べる。第3著者以下も同様にする。

   Kaufman, J. R., Jones, K., & Cochran, D. F. (1992). ……

   Kaufman, J. R. & Wong, D. F. (1989). ……

   同一著者の文献が複数ある場合は年次の早いものから並べ、同一出版年のものは、本文中で出版年の後に付した a, b, c, …の順に列挙する。

   Kaufman, J. R. (1991a). ……

   Kaufman, J. R. (1991b). ……

   Kaufman, J. R. & Jones, K. (1987). ……

   Kaufman, J. R. & Jones, K. (1990). ……
5. 著者名は、日本文では姓名を書く。姓と名を分けるほうがよいときは間を一字あける。英文では姓、コンマ、半角スペース、名のイニシャル、ピリオドを記す。イニシャルでは不十分なときは名も書く。

   共著の場合、著者の間を、日本語では “・”（中黒）、欧語では半角スペースの後 “&” (3人以上20人以下の場合はコンマと半角スペースで区切り、最後の著者の前にコンマと一字あけて “&” ）を入れる。

   本間道子・都築真知子・渡辺美由紀 (1985). ……

   Kaufman, J. R. & Cochran, D. F. (1987). ……

   Kaufman, J. R., Jones, K., & Cochran, D. F. (1992). ……
6. 団体や機関名義のものは、名称を略さずに書き、個人名と同様に扱う。

   法務省法務総合研究所 (1997). 犯罪白書 (平成9年版) 大蔵省印刷局
7. 新聞記事や雑誌記事の引用は、著者が不明な場合は記事タイトルあるいは見出しを先頭におく。著者が明らかな場合は、著者名、記事タイトルの順で記載する。出版年や月日を表記する。インターネット上の記事の場合、記事のURLもしくはDOIを付す。

社説：週のはじめに考える「自分は大丈夫」の心理 (2021年11月14日) 東京新聞 https://www.tokyo-np.co.jp/article/142738

* 本文中では「社説：週のはじめに考える」(2021)……のように引用する。

高木 潔 (1998年3月5日). 漁業協定破棄通告：韓国漁民は 朝日新聞 (夕刊)

西條辰義 (1997年4月19日) 実験経済学：「航空券売買実験」で均衡価格を確かめる 週刊ダイヤモンド

〔著者が明らかな場合は逐次刊行物扱いでもよい〕

8. 逐次刊行物は、著者名、出版年、表題、誌名、巻数（号数あるいは通し番号がある場合は、それを巻数の後の括弧の中に入れる）、掲載ページ（電子ジャーナルでページ数がない場合は論文番号）、DOIを示す。掲載ページは文献の最初と最後のページを半角のエンダッシュ（–）で結ぶ。欧文の場合は雑誌名と巻数を、和文の場合は巻数をイタリック体にする（ただし、巻数の後の号数や通し番号はイタリック体にしない）。学会抄録集〔発表論文集〕からの引用では、誌名の箇所に抄録集名を記す。

本間道子・都築真知子・渡辺美由紀 (1985). 競争・協力状況がクラウディングに及ぼす効果 年報社会心理学, *25*, 167–180.

Maslach, C. (1974). Social and personal bases of individuation. *Journal of Personality and Social Psychology*, *29*(3), 411–425. https://doi.org/10.1037/h0036031

池内裕美・藤原武弘・土居伊都子・脇本 忍 (1997). 阪神大震災による拡張自己の非自発的喪失 日本社会心理学会第38回大会発表論文集, 350–351.

9. ページ番号がない場合は、ページ番号は省略可。発表論文がオンラインで閲覧可能な場合は、そのURLまたはDOIを付す。

大坪庸介 (2015). 仲直りの進化社会心理学：価値ある関係仮説とコストのかかる謝罪 社会心理学研究, *30*(3), 191–212. https://doi.org/10.14966/jssp.30.3_191

Van Knippenberg, A. & Van Oers, H. (1984). Social identity and equity concerns in intergroup perceptions. *British Journal of Social Psychology*, *23*(4), 351–361. https://doi.org/10.1111/j.2044-8309.1984.tb00651.x

10. 誌名だけでは不十分な場合は、誌名につづき（　）内に発行機関名を入れる。

三井宏隆 (1983). 電車内における座席交替のルール 人文学報 (東京都立大学人文科学研究科), *158*, 99-115.

11. 書籍の書き方は以下の例に従う。

和文書籍の場合は、著者名、刊行年、表題のほか、版数、出版社名を書く。欧文書籍の場合は表題の後、版数、出版社名を書く。洋書の表題はイタリック体にする。

原岡一馬 (1970). 態度変容の社会心理学 金子書房

Schelling, T. (1960). *The Strategy of Conflict*. Harvard University Press.

編集、監修になるものには、編、監、編著、欧文書籍では、Ed.、Eds. を編者名の後に入れる。

山岸俊男 (編) (2001). 社会心理学キーワード 有斐閣

著書、編集書、監修書の特定章の場合、日本文では章題目、編著者名、書名、掲載ページ、出版社を書く。英文では "In" につづいて編著者のイニシャルを先に書き、ピリオド、一字あけて、姓を記す。その後、書名、掲載ページ、出版社を示す。掲載ページを記載する場合、ページ番号の前に "pp." をつける（ただし1ページの論文は "p." とする）。

Billingsley, J., Burnette, J. L., & McCullough, M. E. (2020). An evolutionary perspective on forgiveness. In E. L. Worthington, Jr. & N. G. Wade (Eds.), *Handbook of Forgiveness* (2nd ed., pp. 52–62). Taylor & Francis Group. https://doi.org/10.4324/9781351123341-6

鈴木裕久 (1972). 受け手の特性と広告効果 飽戸 弘 (編) 広告効果：受け手心理の理論と実証 (pp. 252-271) 読売テレビ放送

版数などは次のように記す。表題後のピリオドの位置に注意する。

Rubin, J. Z., Pruitt, D. G., & Kim, S. H. (1994). *Social Conflict: Escalation, Stalemate, and Settlement* (2nd ed.). McGraw-Hill.

水原泰介 (1981). 社会心理学入門 第2版 東京大学出版会

数巻にわたる書籍の特定の1巻を示す場合は、次のように記す。英文の Vol. の場合は書名の後の括弧の中に入れる。

池内 一 (編) (1977). 集合現象 講座社会心理学3 東京大学出版会

翻訳書の場合は、まず原著を引用し、(　) 内に訳書に関する情報を示す。外国語から他の外国語へ翻訳された書籍の引用は下例に従う。

Lind, E. A. & Tyler, T. R. (1988). *The Social Psychology of Procedural*

Justice. Plenum. (菅原郁夫・大渕憲一 (訳) (1995). フェアネスと手続きの社会心理学：裁判、政治、組織への応用 ブレーン出版)

Piaget, J. & Inhelder, B. (1969). *The Psychology of the Child* (H. Weaver, Trans.; 2nd ed.). Basic Books. (Original work published 1966)

12. オンラインジャーナルやウェブページの引用は以下のようにする。

プレプリントサーバの論文は、著者名、発表年、表題（イタリック）、プレプリントサーバ名、論文にアクセス可能なURLかDOIを記す。

Hampton, S., Rabagliati, H., Sorace, A., & Fletcher-Watson, S. (2017). *Autism and bilingualism: A qualitative interview study of parents' perspectives and experiences*. PsyArXiv. https://doi.org/10.31234/osf.io/76xfs

ウェブページの引用の場合には、URLとアクセスした日を記す。

川上善郎・川浦康至・山下清美 (1998). サイバー空間における日記行動報告書 http://www.bekkoame.ne.jp/~y.kawakami/nikki/nikki.html (2003年10月14日)

6 統計量の報告

APA Publication Manual (7th edition) を参考にする。多くの論文で用いられるものについて以下に示す。

1. 相関係数、t検定、F検定（分散分析など）の報告は以下の例にならう (*APA Publication Manual* (7th edition), pp. 180–182)。

   r (24) = –.43, p = .028

   t(177) = 3.51, p < .001, d = 0.62, 95% CI [0.35, 0.95]

2. 統計記号はイタリック体にする。例えば、t、F、r、平均値を表すM、標準偏差を表すSD、自由度を表すdf、有意確率を表すp、全体のサンプルサイズを表すN、サンプルの一部分のサイズを表すn、有意でないことを表す*ns*など。ただし、ギリシャ文字（例えば、α、β、χ^2）はイタリック体にしない。

3. 検定結果のうち可能なものについては、効果量や標準誤差も報告する。

4. 小数点の前の0は、相関係数 (r) や有意確率 (p) のように、1を超えることがないものについては省略できる。

索引

著者紹介

川浦康至（かわうら・やすゆき）

東京経済大学名誉教授（社会心理学〈コミュニケーション〉専攻）

著訳書に『情報と人間』（分担執筆、福村出版）や『電子ネットワーキングの社会心理』（共著、誠信書房）、『新版 インターネットの心理学』（共訳、NTT出版）、『完全版 大恐慌の子どもたち』（監訳、明石書店）がある。

卒業論文のデザイン――質問紙調査による社会心理学研究

2023年5月1日　初版第1刷発行
2024年5月30日　　第2刷発行

著　者　川浦康至
イラスト　金子としこ
発行者　宮下基幸
発行所　福村出版株式会社
〒113-0034　東京都文京区湯島2-14-11
電話 03-5812-9702　FAX 03-5812-9705
https://www.fukumura.co.jp

印刷・製本　中央精版印刷株式会社

ISBN978-4-571-25062-0　C3011　Printed in Japan